Alice Taylor
Irische Weihnachten

Alice Taylor

Irische Weihnachten

Aus dem Englischen von
Cordula Kolarik

Lamuv

Originaltitel: The Night Before Christmas

Bitte fordern Sie unser kostenloses Gesamtverzeichnis an:
Lamuv Verlag, Postfach 26 05, D-37016 Göttingen

1. Auflage 1996
© Copyright Alice Taylor 1994
© Copyright der deutschsprachigen Ausgabe
Lamuv Verlag GmbH, Göttingen 1996
Zuerst erschienen 1994 bei Brandon Book Publishers Ltd.
Dingle, Co. Kerry, Irland
Alle Rechte vorbehalten
Umschlaggestaltung: Gerhard Steidl
unter Verwendung eines Fotos von Renate v. Forster/Bilderberg
Gesamtherstellung: Steidl, Göttingen
Printed in Germany
ISBN 3-88977-454-7

Inhalt

Weihnachten in alter Zeit
7

Die Ferien fangen an
15

Der Weihnachtsschornstein
25

Stechpalmensonntag
31

Der Brief an den Weihnachtsmann
41

Kaminfegen bei Nell
49

Zurück von den Feldern
63

Das Himmelstor
73

Unser Weihnachtsbesucher
83

Weihnachtskarten
89

Der Heilige Abend
101

Weihnachten
115

Stille Tage
133

Weihnachten in alter Zeit

Ned öffnete den Riegel der Pforte zum Weihnachtsfest, wenn die Muskatellerrosinen auf seiner Ladentheke auftauchten. Sie waren groß, weich und saftig und kamen zusammen mit den gewöhnlichen Rosinen, Sultaninen und Korinthen Mitte November an. Ned wog sie alle ab, füllte sie in steife, braune Papiertüten und band diese mit Bindfaden zu, den er in einer Blechdose auf der Ladentheke aufbewahrte. Der Bindfaden schlängelte sich durch ein Loch oben in der Dose, und Ned wickelte ihn sich geschickt um den Finger und riß ihn mühelos ab.

Er kalkulierte ganz genau im voraus, wieviel Pfund Rosinen er verkaufen würde, weil er die Sitten und Gebräuche seiner Kunden gut kannte. Er wußte, daß Mrs. Casey drei Kuchen backte, einen für ihre Schwester in England, einen für ihre eigene Familie und einen dritten, den ihr Mann aufgegessen haben würde, bevor die Festtage wirklich angefangen hatten. Martins Mutter hatte verheiratete Schwestern in der ganzen Gemeinde und backte für jede von ihnen einen Kuchen. Martin, der bei uns auf dem Hof arbeitete, war voll des Lobs über die Backkünste seiner Mutter. Sie brauchte eine Menge Zutaten, und Ned achtete darauf, daß er genug für sie hatte. Dann gab es die alte Nell, die alleine neben uns lebte und wollte, daß er alles für sie halbierte und in kleine Tüten umfüllte. Sie machte sich gar nicht die Mühe, einen Kuchen zu backen, sondern aß abends am Kamin die Rosinen direkt aus der Tüte, und manchmal half ich ihr dabei. Ned ermittelte die Weihnachtswünsche aller seiner Kunden, und weil der Vorrat an Rosinen knapp war, verstaute er sie in Pappkartons, und auch das Zitronat wog er ab und füllte es in die Kartons.

Wenn die Kunden kamen, um Weihnachtskarten zu kaufen, ging er mit ihnen seine Kollektion durch. Er hatte Rotkehlchen für Mrs. Casey, die gerne festliche und fröhliche Karten hatte, und andere mit langen Versen für meine Mutter, weil sie viel Wert auf Gedichte auf ihren Karten legte. Er überlegte mit ihnen und beriet sie, und manchmal tröstete er sie, wenn ein Verwandter in der Ferne keine irdische Adresse mehr hatte.

Jeder Kunde bekam ein Geschenk, ein Zeichen dafür, daß Ned ihre Einkäufe im Laufe des Jahres zu schätzen wußte. Große, runde Rosinenkuchen und Kümmelbrote wurden sortiert und den verschiedenen Haushalten zugewiesen. Er schenkte sogar den Leuten etwas, die ihm Geld schuldeten, denn es war die Zeit der kleinen, roten Notizbücher, und die Leute zahlten nicht immer sofort. Aber Ned hatte ein gutes Herz, und vielleicht war ja die Großmutter dieses Kunden früher bei ihm einkaufen gekommen; vielleicht kam diese Generation nicht so gut zurecht, also brauchte sie ein wenig Hilfe; eine andere Familie hatte vielleicht gerade eine Pechsträhne, und außerdem war Weihnachten sowieso keine Zeit für kleinliche Pfennigfuchserei.

Von all den Weihnachtsartikeln trafen die Kerzen als letzte ein: große, rote und weiße Kerzen, zwei Pfund schwer, und er wußte immer genau, wer die weißen kaufte und wem die roten lieber waren. Meine Mutter mochte die weißen Kerzen am liebsten, und Mrs. Casey zog die roten vor. In jedem Haus gab es drei Kerzen: eine für den Heiligen Abend, eine für Silvester und eine für den Abend vor dem Dreikönigstag. Nur Nell nahm ein und dieselbe Kerze für alle drei Abende und holte sie manchmal im nächsten Jahr wieder hervor. Kisten voller Einkäufe verließen den Laden, und die großen Kerzen standen mittendrin, wie Hirtenstäbe, die vom Kommen des Weihnachtsfestes kündeten.

Der Duft in Neds Laden an jenem Sonntagmorgen, an dem die Muskatellerrosinen auftauchten, war zwar das erste, das auf Weihnachten hindeutete, aber es gab noch andere Anzeichen zu Hause auf dem Hof, wo sich der gesamte Arbeitsrhythmus verlangsamte und auf die Zeit der Ruhe vorbereitete. Die Bäume auf den Erdwällen um die Wiesen herum waren kahl und hatten ihren Winterschlaf begonnen. Die Wiesen selbst waren abwechselnd naß und schwammig vom Regen oder hart und leblos durch den Frost und Schnee, und sie boten den Tieren, die nun auf den behaglichen Hof umzogen, keine Nahrung mehr. Auch wir verkrochen uns vor der kalten Welt draußen und verbrachten unsere Zeit damit, im Heuschuppen selbsterfundene Spiele zu spielen oder am Kamin zu sitzen und den Geschichten unseres alten Freundes Bill zu lauschen oder von Nell besucht zu werden, wenn sie irgend etwas wollte.

Die Arbeit meines Vaters für dieses Jahr war getan, und daher hatte er jetzt mehr Zeit, am Kamin zu sitzen und seine Pfeife zu rauchen, und manchmal spielte er dann mit uns ein Spiel, das »Ich hab die Katze« hieß, wenn es auch oft mehr nach »Schabdiekatz« klang. Es war sehr einfach, aber es machte viel Spaß. Ich legte meine Hand auf das Knie meines Vaters, der mit übereinandergeschlagenen Beinen dasaß. Dann streichelte er mir sanft die Hand, sagte »Armes Kätzchen« und legte seine Hand auf meine. Dann war ich an der Reihe, »Armes Kätzchen« zu sagen und meine andere Hand auf seine zu legen, und dann kam er wieder mit seiner anderen Hand dran, und wir machten mit diesem Aufeinanderlegen der Hände weiter, bis ich ganz wohlig eingelullt war. Ich liebte die Hände meines Vaters, die sich so warm und fest anfühlten und die mit den langen, spitz zulaufenden Fingern so wohlgeformt waren. Dann schlug er plötzlich mit der Hand schnell und kräftig auf meine und verkündete: »Schabdiekatz!« Der Trick bestand darin, das »Schabdiekatz« vorherzusehen und die eigene Hand wegzuziehen, bevor seine landete; und in dem Fall war man selbst an der Reihe, »Armes Kätzchen« zu sagen. In unserer Familie vergaßen wir dieses Spiel nie, und wenn in späteren Jahren jemand wie die Katze um den heißen Brei schlich, wenn entschlosseneres Handeln gefragt war, war unser Kommentar, es sei an der Zeit für »Schabdiekatz«.

Meine Mutter beruhigte die Gemüter, wenn wir uns allzusehr in die weihnachtliche Aufregung hineinsteigerten, und sie glättete die Wogen, wenn wir Kinder uns stritten, aber sie ergriff nie Partei und sagte uns immer, daß zwei Menschen nötig seien, um einen Streit vom Zaun zu brechen. Da wir fünf Schwestern und vom Alter her alle nah beieinander waren, gab es manchmal eine große Balgerei. Aber diese Auseinandersetzungen dauerten nie lange, und Dan – der jedes Jahr zu Weihnachten kam – riet meiner Mutter, bei einem Streit nicht auf unsere Bitte einzugehen, die Schiedsrichterin zu spielen.

»Halten Sie sich da raus, Frau«, sagte er immer, »nur ein Dummkopf würd' sich da einmischen.«

Mein Bruder Tim, der älteste von uns allen, ließ sich nie in die Streitereien seiner Schwestern verwickeln und war in vielerlei Hinsicht wie meine Mutter, die viel von Ruhe und Frieden hielt. Frances, die klein und dunkelhaarig und gerade erst ein Teenager geworden war, führte die Aufsicht über uns und teilte uns zu den Arbeiten in der Küche und auf dem Hof ein. Dies tat sie durch Beschwatzen und Erpressen, und sie ging geschickt mit ihren Mitarbeiterinnen um, indem sie den Anreiz einer langen Gute-Nacht-Geschichte dazu einsetzte, uns zu unbeliebten Arbeiten zu überreden. Auf der Chefetage war neben Frances auch Terry, die schlank und aufgeweckt war und bereits zehn verschiedene Arbeiten erledigt hatte, während ich noch darüber nachdachte. Die beiden standen auf der obersten Sprosse der Familienleiter, Phil und ich ganz unten, und Eileen, die groß war und grüne Augen hatte, war in der Mitte. Phil war still und nachdenklich. Sie hatte lange und dichte, dunkle Haare, die über ihre Schultern herabfielen oder um ihren Kopf geflochten waren. Ich war das genaue Gegenteil von ihr, denn ich war langbeinig, dünn und frech.

Wir schwärmten für Weihnachten und machten uns mit ganzem Herzen an all die Vorbereitungen, die meine Mutter uns überließ, und vielleicht machte uns Weihnachten deshalb so besondere Freude, weil wir uns solche Mühe mit den Vorarbeiten gegeben hatten.

Gewöhnlich ernährten wir uns von der Milch unserer Kühe, den Eiern unserer frei herumlaufenden Hühner, von Schinken und selbstgezogenem Gemüse. Das war zwar gesund, aber etwas langweilig, und daher konnten wir die Abwechslung, die Weihnachten mit sich brachte, kaum erwarten. Limonade, Kuchen und Schokolade waren damals in unserem Haus wie Manna in der Wüste.

Die mit Weihnachten verbundenen Veränderungen ließen das Fest in unseren Augen leuchten wie Rosen im Schnee. Außerdem waren wir ganz freudig aufgeregt bei dem Gedanken, daß der Weihnachtsmann tatsächlich vom Himmel herab in unser Haus kommen würde. Weihnachten war auch der einzige Anlaß, zu dem wir Spielsachen bekamen. Es war eine Zeit großer Erwartungen, die am Heiligen Abend und am ersten Weihnachtstag ihren Höhepunkt erreichte. Zwischen Weihnachten und Heilige Drei Könige und auch noch eine Weile danach ruhten wir uns von der Arbeit auf Feld und Hof aus. Die Knechte hatten bis zum ersten Februar Urlaub, also hatten sie jetzt Zeit, die Nachbarn zu besuchen, und viele Tanzabende fanden in den Häusern statt. Doch die größte Tanzveranstaltung war der »Oregonman's Ball«, wenn alle, die aus Amerika zu Besuch nach Hause gekommen waren, zusammenkamen, um ihre Heimkehr zu feiern und die Nachbarn zu treffen. Es war eine Zeit, zu der sich alte Freunde trafen und jeder, der über Weihnachten nach Hause gekommen war, alle Leute in der Nachbarschaft besuchte. Und so war Weihnachten für uns in vielerlei Hinsicht der Höhepunkt des Jahres.

Dies ist die Geschichte vom Arbeiten und Feiern: die Geschichte eines vergangenen Weihnachtsfestes, das wie ein warmes Feuer mitten in einem langen, kalten Winter leuchtete, als der Schnee viele Wochen lang den Boden bedeckte und ich neun Jahre alt war.

Die Ferien fangen an

Den ganzen Mittwoch warteten wir darauf, daß er es uns ankündigen würde, aber als die Schatten des grauen Winternachmittags hereinkrochen und die langen, rußigen Spinnweben, die von den Deckenbalken hingen, unsichtbar machten, rutschte unser Herz vor Enttäuschung ganz tief in unsere nassen, schlammigen Stiefel, und wir wurden zu lauter grauen Häufchen Elend, die zusammengesackt an den Pulten vor dem Lehrer saßen. Er hatte die Macht, uns leicht wie Ballons in den siebten Himmel aufsteigen zu lassen, wenn er uns verkündete, daß am Freitag die Ferien anfangen würden. Wir wußten, daß wir am Freitag Ferien bekommen mußten, weil nächste Woche Weihnachten war und wir nie in der Weihnachtswoche in die Schule gingen. Aber bis es offiziell verkündet wurde, lag über dem Ganzen eine gewisse Unsicherheit. Der Lehrer bestimmte über alles in unserer Schulwelt, und wir dachten, daß er vielleicht Weihnachten verschieben könnte, wenn er es für richtig hielte. Vom Verstand her wußten wir zwar, daß er das nicht konnte, aber vom Gefühl her waren wir nicht so sicher. Alles, was nötig war, um unserer Vorfreude Tür und Tor zu öffnen, war das magische Wort »Weihnachtsferien«. Er war der Engel, der uns verkünden konnte, daß Weihnachten nahe war, aber aus irgendeinem Grund, den nur er selbst kannte, schwieg er, während ihn Dutzende flehentlich bittender Augen beschworen, barmherzig zu sein. An dem Tag wollte er die Frohe Botschaft noch für sich behalten.

Ich betrachtete ihn aus der hinteren Reihe des zugigen Klassenzimmers. Er stand auf dem hohen Podium in der oberen linken Ecke des quadratischen Raums, von wo aus er einen Panoramablick über alle möglichen dubiosen Aktivitäten hatte. Seine Brille, die normalerweise auf seinem eisengrauen Haar thronte, saß jetzt auf seiner langen Nase, als er unsere Hefte korrigierte. Sie schienen ihm wenig Freude zu bereiten, denn hin und wieder spähte er über den Rand seiner Brille mißbilligend zu uns herüber. Er war streng, aber gerecht, und eigentlich mochten wir ihn ganz gern, aber weil er jetzt schwieg, war er bei uns nicht der Beliebteste. Plötzlich kam er vom Podium herunter und ging zwischen den Pulten umher, wobei die Münzen in seiner Tasche klimperten. Ich fand es sehr beeindruckend, daß er genug Geld hatte, um ein solches Geklimper zu veranstalten, und manchmal versuchte ich zu schätzen, wieviel Geld er wohl in der Tasche seiner glänzenden, braunen Hose hatte. Er war der einzige Mann in meiner

Alltagswelt, der weiche, weiße Hände und polierte Schuhe hatte, und ich fragte mich, wie es wohl sein müsse, in einer Welt polierter Schuhe zu leben.

Als mir der Lehrer den Rücken zuwandte, um wieder nach vorne zu gehen, begegnete mein Blick dem meiner Schwester Eileen ein paar Pulte weiter. Normalerweise verstanden wir uns gut, aber heute herrschte ein kalter Krieg zwischen uns. Gestern hatte ich eine neue Strickjacke unter meinem Mantel in die Schule geschmuggelt. Sie war aus leuchtend roter und gelber Wolle gestrickt, und ich mochte sie vor allem deshalb so gern, weil es meine erste neue, im Laden gekaufte Strickjacke war. Die meisten unserer Kleider waren selbstgenäht oder von den älteren Geschwistern weitervererbt, und daher war diese leuchtende Jacke, die sich so weich anfühlte, etwas ganz Besonderes. Sie war nur als Sonntagsjacke gedacht, aber ich wollte damit bei meiner Peinigerin Maura angeben. Sie war das einzige Mädchen in der Klasse, das nicht an den Weihnachtsmann glaubte, weshalb ich sie als meine allergrößte Feindin betrachtete. Ich hatte ihr gegenüber schon mit der Jacke geprahlt, und sie hatte mich herausgefordert, sie in der Schule zu tragen, weil sie sonst nicht glauben würde, daß ich wirklich eine solche Jacke hätte. Also war ich nach dem Frühstück zurück nach oben gehuscht und hatte die Jacke unter meinem Mantel angezogen. Ich wußte, daß ich damit eine Regel meiner Mutter durchbrochen hatte, aber ich hatte das Gefühl, das sei es wert, um den überraschten Ausdruck auf Mauras Gesicht zu sehen. An dem Nachmittag stellte mich meine Schwester auf dem Heimweg von der Schule zur Rede.

»Warum hast du deine Sonntagsjacke getragen?« fragte sie.

»Darum«, sagte ich.

»Ich weiß warum«, konterte sie.

»Weißt du nicht«, sagte ich.

»O doch«, beharrte sie.

»Warum denn?« verlangte ich zu wissen.

»Du wolltest Butterbauch-Bill beeindrucken.«

»Das ist nicht wahr!« schrie ich sie an.

»Doch«, erwiderte sie. »Ich hab gesehn, wie er dir den Bleistift aufgehoben hat, als er dir vom Tisch runtergekullert ist.«

»Halt den Mund!« rief ich. »Ich mag Billy Tobin gar nicht, und ich finde, du bist 'ne schrecklich blöde Ziege, ihn so zu nennen, nur weil er dick ist.« Und ich rannte ihr voraus die Wiese hinunter und rief über meine Schulter: »Ich sag dir was, ich sag dir was: Eileen hat 'n Bauch wie 'n Faß.«

Jetzt waren wir quitt, aber zwischen uns herrschte immer noch kein »Frieden«. So beugte ich mich jetzt hinter dem Rücken des Lehrers aus meinem Pult hervor und streckte ihr die Zunge so weit heraus, wie es körperlich nur möglich war. Als Antwort steckte sie ihre beiden Daumen in die Mundwinkel, zog den Mund bis an den Rand ihres Gesichts und kniff die Augen zusammen, bis sie zu zwei schmalen Schlitzen wurden.

Der Lehrer drehte sich plötzlich auf dem Absatz um und bewirkte so einen vorübergehenden Waffenstillstand im Krieg unserer Gesichter. Dann ging er herüber zu dem großen, alten Kamin in der Ecke. Das einzige, was der Kamin in unserer Schule beheizte, war der Schornstein, aber das Feuer qualmte so sehr, daß die Landkarte auf der Wand darüber mit schwarzem Ruß überzogen war. Wenn wir in der Geographie Irlands unterrichtet wurden, mußten die Galtee Mountains erst mit einem Staubwedel aus Federn kräftig bearbeitet werden, um ihre geographischen Dimensionen zu enthüllen. Der Lehrer sah zur Schuluhr hinauf, klatschte in die Hände und sagte laut: »Raus mit euch.«

Diese Aufforderung löste einen Ansturm auf die Tür aus, was zu einem Stau in der Vorhalle führte, wo ungeduldige Hände die verschiedensten Mäntel von den rostigen Haken zerrten. Dann rannten wir aus der Tür, warfen uns Mäntel und Taschen über die Schultern und platschten über den klatschnassen Schulhof, mit gesenkten

Köpfen und dem einzigen Ziel, schnell unser gemütliches Zuhause zu erreichen, um unsere nassen Stiefel auszuziehen und die steifgefrorenen Zehen vor dem Kamin auftauen zu lassen. Wegen der Kälte und der Enttäuschung darüber, daß uns der Ferienbeginn nicht angekündigt worden war, hatten wir keinerlei Lust, den Weg länger als nötig werden zu lassen.

Mein Vater begegnete uns im Hof; er brachte gerade Stroh in die Ställe. »Na, wie geht's den Meisterschülern?« war sein üblicher Gruß, wenn wir von der Schule heimkamen, und an diesem Nachmittag fügte er hinzu, nachdem er unsere Gesichter gesehen hatte: »Keine Neuigkeiten von den Ferien?«

»Nein«, bestätigten wir trübsinnig.

»Vielleicht vergißt er noch ganz, euch Ferien zu geben«, grinste er und streute damit noch Salz in unsere Wunden.

Als wir in die Küche kamen, fanden wir bei meiner Mutter viel mehr Trost. »Ganz bestimmt morgen«, sagte sie, »und er hat es euch nur deshalb heute nicht gesagt, weil ihr keinen Strich mehr getan hättet, wenn euch einmal die Aufregung über die Ferien gepackt hätte.«

Was sie sagte, klang vernünftig, und wir fühlten uns alle besser. Sie hatte die glückliche Begabung, alles ins rechte Licht zu rücken, und als ich später am Abend hinausging, um die Eier zu holen, strich ich einen weiteren Tag auf der Innenseite der verzinkten Tür des Hühnerstalls durch. Als der Countdown zu den Weihnachtsferien begonnen hatte, hatte ich mit einem weichen, weißen Stein eine Reihe von Strichen gemacht, um die verbleibenden Schultage darzustellen. Es machte mir jeden Abend große Freude, einen weiteren Tag durchzustreichen: einen Schritt näher an die Freiheit und an Weihnachten. Jetzt waren nur noch zwei Striche übrig. Morgen würde er es uns einfach sagen müssen!

An dem Abend machten wir widerwillig unsere Hausaufgaben und beschwerten uns, es sei »nicht fair« – eine Klage, auf die mein Vater regelmäßig antwortete, je schneller wir lernten, daß das Leben nicht fair sei, desto besser sei es für uns. Wir waren nicht in der Stimmung, uns seine philosophischen Betrachtungen anzuhören, und ich fragte mich, ob er wohl wie Maura war und nie an den Weihnachtsmann geglaubt hatte.

Kurz bevor der Lehrer am folgenden Nachmittag in die Hände klatschte, um uns zu entlassen, machte er die langersehnte Mitteilung, die mit Freudenschreien aufgenommen wurde.

Am Freitagmorgen gingen wir wie auf Wolken in die Schule. Wir bekamen Ferien! Das Wetter war über Nacht umgeschlagen, und unsere

Schlammpfützen waren jetzt steinhart gefrorene Furchen, durchsetzt mit Seen aus schwarzem Eis. Wo wir am Tag zuvor noch hatten aufpassen müssen, nicht im Schlamm zu versinken, konnten wir jetzt nach Lust und Laune herumhüpfen. Die Freiheit entsprach unserer Stimmung, und als wir auf die hügelige Wiese hinter der Schule kamen, gingen wir in die Hocke, legten unsere Hände um unsere Knie und rutschten den gefrorenen Pfad hinunter, der gestern ein schlammiger Bach gewesen war. Einer nach dem anderen sausten wir den vereisten Hang hinunter, und mit jedem Mal wurde der Hang noch glatter.

Wir kamen mit roten Nasen und außer Atem in der Schule an, und wenn der Lehrer auch zunächst versuchte, so zu tun, als sei es ein ganz normaler Schultag, so gab er mittags doch den Kampf auf, und an die Stelle des Unterrichtsstoffs traten Rätsel und Geschichten. Dann begannen wir, alles aufzuräumen. Alle Hefte mußten ganz oben im hohen Schrank verstaut werden, wo sie sicher vor den Ratten waren, die die Schule in Besitz nahmen, wenn wir nach Hause gingen. Sie lebten in der Welt unter den Bodendielen und warteten manchmal nicht einmal ab, bis wir uns zurückzogen, um selbst in Erscheinung zu treten. Wir mußten alles sicher vor ihnen verschließen, denn sie würden zwei ganze Wochen lang die Schule ihr eigen nennen können. Die Jungen gingen nach draußen, um den Torf im Schuppen hinter der Schule ordentlich aufzustapeln, und wir holten die Spinnweben, an die wir drankamen, herunter. Zum ersten Mal, seit im Herbst das Kaminfeuer angezündet worden war, bekamen wir eine saubere Oberfläche der gesamten Irlandkarte zu sehen. Maura und ich leerten zusammen die Tintenfässer, und unser Wettstreit, immer etwas Besseres sein zu wollen als die andere, war vorübergehend beigelegt. Als der Lehrer die großen Klassenbücher in seinem Pult verschloß und das Staubtuch über die saubere Tafel hängte, hörten wir, wie im Nebenraum die Schüler der beiden untersten Klassen ihre kleinen Tafeln und Rechenrahmen in den Schrank donnerten.

Die Vorhalle, in der wir unsere Mäntel und Essenspakete aufbewahrten, mußte von allem, was sich seit den Sommerferien angesammelt hatte, leergeräumt werden.

»Hast du nicht deine superelegante Strickjacke vergessen?« flüsterte mir meine Schwester zu.

»Halt den Mund!« stieß ich hervor, aber es war die letzte Runde in einem zu Ende gehenden Kampf.

Der alte Steintrog, in dem unser Mittagessen aufbewahrt wurde, beherbergte eine Sammlung von Milchflaschen mit grünem Rand, die herausgenommen und an ihre widerstrebenden Besitzer zurückgegeben werden mußten. Niemand erkannte seine eigene Flasche, aber jeder erkannte die Flasche seines Nachbarn, und so wurden schließlich alle verteilt. Mit lächelnden Gesichtern zogen wir unsere Mäntel an. Als der Lehrer den großen Schlüssel in der alten, abgenutzten Tür umdrehte, hatte das etwas Endgültiges. Wir waren frei! Die Schule war abgeschlossen, und der Fluch, die Hausaufgaben machen zu müssen, hing nicht mehr über uns. Wir stießen Seufzer der Erleichterung aus. Wir hatten jetzt Ferien und konnten uns nach Herzenslust auf Weihnachten vorbereiten!

Der Weihnachtsschornstein

An dem Tag, als wir sahen, daß er sein Lager an der Brücke am Fuß des Hügels aufgeschlagen hatte, wußten wir, daß der Schwarze Ned gekommen war, um unseren Schornstein für den Weihnachtsmann zu fegen. Die meisten fahrenden Leute zogen in Gruppen oder als Teil einer großen Familie übers Land, aber Ned war anders. Er war ein stiller Einzelgänger, der unauffällig kam und ging.

Er begann nie von sich aus eine Unterhaltung und antwortete nur das Nötigste auf Fragen, die ihm gestellt wurden. Als ich einmal wissen wollte, ob er sich nie einsam fühle, sah er mich verwundert an, sagte: »Nein«, und fügte hinzu – was ungewöhnlich für ihn war: »Ich bin gern allein.«

Er war ein fahrender Schornsteinfeger, über einsachtzig groß und fast so dünn wie einer seiner Kaminbesen. Seine Kleider waren schwarz und ölverschmiert und saßen so eng, daß seine Arme und Beine wie dünne Äste aussahen, die an einem hohen, schlanken Baum wuchsen, und wenn ich mit meinen neun Jahren zu ihm aufsah, glaubte ich, Ned würde endlos nach oben weitergehen.

Er hatte ein gescheckkes Pony und einen bunt bemalten Karren, in dessen Schutz er sein graues

Segeltuchzelt aufgestellt hatte. Drinnen lagen seine langen, schwarzen Kaminbesen, und sein braun-weißer Terrier bewachte den Eingang, wobei er scharf und wütend bellte und ihm das Nakkenfell zu Berge stand. Das Pony und der Terrier hatten fast dieselbe Farbe, und während der Terrier bellte und knurrte, trat das Pony aus und biß, wenn man dumm genug war, allzu nah heranzukommen. Neds dritter Reisegefährte war ein Zwerghahn, der oben auf dem Karren hockte und schrill krähte. Sie waren eine bunte Schar, und Ned war derjenige, der am wenigsten Lärm machte. Für mich war er wie ein schwarzer Weihnachtsgeist, der kam, um dem Weihnachtsmann den Weg zu bereiten, und ich sah schrecklich gern zu, wie er in seinem schwarzen Kessel über dem Feuer vor dem Zelt kochte. Er jagte Kaninchen und Fasane, so daß er gut aß, und die Leute waren großzügig zu ihm, weil es in der Nachbarschaft als Tatsache anerkannt wurde, daß Ned ein Gentleman war.

Am Tag seiner Ankunft wurde das Küchenfeuer nach dem Frühstück gelöscht. Es war seltsam, diese Ecke der Küche ohne das Leben des Feuers zu sehen. Dann wurden alle Töpfe und Pfannen aus der Kaminecke weggeräumt. Am Topfgestell, das sich nach hinten und vorne schwenken ließ, hingen jetzt keine Kessel und Topfhaken mehr, und das eiserne Bein des Gestells wurde aus dem

Drehring herausgehoben; die ganze klappernde Konstruktion wurde hinaus auf den Hof gebracht, und die Kaminecke wurde mit alten, groben Säkken ausgelegt. Die alte Minnie, unsere Katze, wurde von ihrem warmen Plätzchen unter dem Kaminvorsprung vertrieben und lief aus Protest maunzend durch die Küche. Es war der einzige Tag im Jahr, an dem die Wärme des Küchenfeuers fehlte, und wir fühlten uns alle ein bißchen wie Minnie, weil wir nichts Rechtes mit uns anzufangen wußten.

Er kam mit seinen klappernden Kaminbesen an und machte sich gleich, ohne ein Wort zu sagen, an die Arbeit. Unser Schornstein war sehr breit, und wenn man sich darunter stellte und nach oben blickte, konnte man den Himmel sehen, aber wieviel Himmel man sah, hing von der Menge des Rußes ab. Um festzustellen, wie die Dinge weiter oben aussahen, bückte sich Ned, um unter den Kaminvorsprung zu gelangen, und der größte Teil von ihm verschwand im Schornstein. Als er wieder herauskam, war er noch schwärzer als vorher und brummte einen vielsagenden Kommentar. Ned mochte richtig schmutzige Schornsteine, und je weniger Himmel er sehen konnte, um so lauter war sein anerkennendes Brummen.

Er band seine Kaminbesen auseinander, nahm den mit den schwarzen, teerigen Borsten am oberen Ende, stieß ihn den Schornstein hinauf und band dann einen anderen Besen mit einem schwarzen Lappen daran fest. Und so wurden die Besen auf dem Boden allmählich immer weniger und verschwanden im Kamin. Während die Besen verschwanden, begann sich der Ruß zu rühren. Er flog in dicken Wolken herunter, und Neds Beine und die Küchenecke verschwanden in schwarzem Nebel. Er schwebte wie schwarze Distelwolle durch die ganze Küche und bedeckte allmählich alles.

Es war meine Aufgabe, nach draußen zu laufen und nachzusehen, ob der Besen oben herauskam. Als das schwarze, rußige Oberteil triumphierend in Erscheinung trat, schrie ich vor Begeisterung und rannte nach drinnen, um Neds langen, dünnen Beinen mitzuteilen, daß der Besen oben angekommen war. Er brummte zufrieden.

Den Kamin hinauf und hinunter, rückwärts und vorwärts stieß er den Besen, wobei er je nach Bedarf weitere Besen daran befestigte. Die ganze Zeit fiel der Ruß in Wolken herunter. Allmählich ließen die Schauer nach, bestanden dann nur noch aus Rußflöckchen und hörten schließlich ganz auf. Als nächstes nahm Ned eine Hacke und schabte die versteckten Vorsprünge ab.

Dann stellte ich mich neben Ned, um mit ihm den Zustand des Schornsteins zu beurteilen. Er war blitzsauber, und ein großes Stück blauen Himmels war sichtbar. Nun konnte der Weihnachtsmann kommen. Weiter oben konnten wir sogar die Eisenstifte sehen, auf die er bei seinem Weg nach unten seine Füße setzen konnte.

Als Ned gegangen war, kehrten alle wieder an ihre Plätze zurück. Doch zuvor nutzten meine Schwestern die Gelegenheit für eine Generalüberholung der Küchenecke. Hinter dem eisernen Blasebalg war ein Sammelsurium heimatloser Dinge, die jetzt weichen mußten. Verloren geglaubte alte Strümpfe kamen zum ersten Mal seit Monaten ans Licht, und offensichtlich hatten Motten und Mäuse in der Zwischenzeit Freundschaft mit ihnen geschlossen. Als die Ecke hinter dem Blasebalg frei von Abfall war, holte meine Schwester Frances den großen, weißen Gänseflügel hervor und fegte alles, was übriggeblieben war, aus. Trockener, grauer Staub stieg den Schornstein hinauf. Dann machte der Gänseflügel in der ganzen Ecke seine Runde, und als er fertig war, war er nicht mehr so weiß wie vorher.

Danach beschloß mein Vater, den Blasebalg zu ölen. Dies war eine langwierige Arbeit, weil er teilweise auseinandergenommen werden mußte, und währenddessen frösteln wir alle in der Küche.

Endlich war er wieder an seinem Platz. Das Topfgestell wurde hereingeholt, ein Teil seines

Beins verschwand im Boden, und das Gestell wurde wieder dorthin geschwenkt, wo es hinge- hörte. Dann wurde das Feuer entzündet, die Töpfe und Kessel wurden zurückgehängt, und wir konn- ten wieder nach Belieben schalten und walten. Es dauerte jedoch ein paar Stunden, bis sich die Kü- che vom Auskühlen erholt hatte.

Als wir an dem Abend vor dem Kamin saßen, schnurrte Minnie zufrieden. Es war ein harter Tag für sie gewesen, aber jetzt war alles wieder wie ge- wohnt, und sie hatte es wieder schön warm – und nur darauf kam es ihr an. Wir konnten den frisch aufgewühlten Ruß riechen, und eine dünne Schicht lag noch an hohen, schwer zugänglichen Stellen in der Küche. Aber der Ruß sollte nicht lange dort bleiben, denn das Kaminfegen war nur der erste Schritt des Weihnachtsputzes gewesen. Minnie hatte ihren harten Tag hinter sich, aber ich wußte, daß ich noch einige vor mir hatte, wenn meine Schwestern den großen Weihnachtsputz in Angriff nahmen.

Stechpalmensonntag

Nach der Messe machten wir uns auf den Weg in den Wald. Unser Haus war zwar von Bäumen umgeben, aber wir hatten keine Stechpalmen, und sie vor Weihnachten holen zu gehen, war ein größerer Ausflug. Es war ein kalter, nasser Tag, aber das Wetter dämpfte unsere Begeisterung nicht. Wir zogen »Alltagssachen« an, wie wir sie nannten, und ließen unsere Sonntagskleider im Schrank.

Wir gingen in die Scheune, wo mein Vater gewöhnlich Stücke übriggebliebener Hanfschnur zum Zusammenschnüren von Heuballen aufbewahrte, die er zu kleinen Knäueln aufwickelte und unter die Dachbalken stopfte. Sie waren hoch über dem Heustapel, also mußten wir die lange Holzleiter hochklettern und über das weiche Heu gehen, das unter unserem Gewicht auf und ab federte. Wir fanden die versteckte Schnur zwischen den Schwalbennestern, die hinter den Scheunenpfosten unter den Dachbalken verborgen waren und auf die Rückkehr der Sommergäste von fernen Orten warteten.

Als unsere Taschen mit Hanfschnüren vollgestopft waren, gingen wir das nächste Werkzeug besorgen, das für den Erfolg unserer Unternehmung notwendig war: eine Säge. Das war nicht ganz einfach, denn mein Vater erinnerte sich nur zu gut an erstklassige Sägen, die in den Wald mitgenommen worden und niemals wieder ans Licht gekommen waren. Am einfachsten schien es uns, unauffällig eine von ihnen mitgehen zu lassen, aber er war uns zuvorgekommen und hatte dafür gesorgt, daß keine Säge zu finden war. Wir versuchten ihn davon zu überzeugen, daß seine Säge bei uns so gut aufgehoben wäre, daß er sich keinerlei Sorgen machen müsse, aber am Ende bekamen wir doch nur eine rostige Antiquität, die ein Gebiß hätte brauchen können und die, wenn sie verlorengegangen wäre, niemand vermißt hätte.

Schließlich machten wir uns auf den Weg über die Felder, nicht auf dem gut ausgetretenen Pfad, den wir auf dem Schulweg benutzten, sondern in die andere Richtung, über fremde Wiesen, wo die Erdwälle von einem dichten Gestrüpp aus Dornsträuchern, Büschen und Schlehdornhecken bewachsen waren. Einige waren so überwuchert, daß sie fast unüberwindliche Hindernisse darstellten, aber trotzdem konnten sie es nicht mit unserer Entschlossenheit, sie zu überwinden, aufnehmen. Der Schlehdorn leistete den grimmigsten Widerstand und bohrte seine boshaften Dornen in unsere schweren Kleider; wir befreiten uns zwar schließlich, aber der Schlehdorn trug triumphierend Fetzen unserer Mäntel. Uns kam gar nicht in den Sinn, rückwärts zu gehen, um uns von den Fesseln der Dornen und Zweige zu befreien; in unserer Zielstrebigkeit dachten wir an nichts anderes, als vorwärtszukommen. Dem Stacheldraht brachten wir allerdings größeren Respekt entgegen: Wir hielten ihn gegenseitig für uns hoch, wenn wir auf allen vieren darunter hindurchkrochen und unsere Rücken krümmten, um den Stacheln zu entgehen. Wo der Draht niedrig war, drückten wir ihn herunter und schwangen unsere Beine darüber hinweg, wobei wir achtgaben, daß die zitternden Stacheln nicht mit unseren langen Unterhosen Bekanntschaft machten. Wenn das geschah, kämpften wir uns frei, mußten aber manchmal feststellen, daß dabei der Saum des Mantels mit einem anderen Stachel in Berührung gekommen war.

Obwohl die Erdwälle bereits Hindernisse waren, die überwunden werden mußten, waren sie nichts im Vergleich zum Fluß, der vor uns lag. Normalerweise überquerten wir ihn an einer seichten Stelle, wo große Trittsteine als Brücke dienten. Ich sprang meist vorsichtig von Stein zu Stein, und mein Herz pochte vor Angst, aber ich kam immer mit einem Hochgefühl des Triumphs am anderen Ufer an, wenn ich vom letzten Stein sprang und sicher auf festem Boden landete. Wenn das Wasser im Fluß jedoch hoch stand, verschwanden die

Trittsteine unter einem schäumenden, braunen Strudel.

Weil es in der vergangenen Woche heftig geregnet hatte, war an dem Tag von den Trittsteinen nichts zu sehen, und der Fluß rauschte als reißender Strom an uns vorbei. Aber wir kannten den Fluß und seine Schwächen. An einer Stelle war er schmal, und wenn man die Trittsteine nicht benutzen konnte, war dieses schmale Stück eine mögliche, wenn auch weniger angenehme Alternative. Hier konnte man über den Fluß springen, und wenn man gut Anlauf nahm und das Glück auf seiner Seite hatte, kam man trocken ans andere Ufer.

Der beste Springer überquerte den Fluß zuerst: Wir sahen alle mit angehaltenem Atem zu, wie er hinübersegelte, und seufzten erleichtert auf, als er sicher landete. In dem Maße, wie das Können der Springer abnahm, wurde auch der Sicherheitsabstand zwischen Landepunkt und Fluß immer kleiner. Als ich an der Reihe war, war dieser Abstand gleich Null: Ich landete im feuchten Kies am Wasserrand und mußte herausgezogen werden, während Schlamm und Wasser aus meinen hohen Schnürstiefeln trieften. Als wir alle am anderen Ufer waren, jubelten wir über diesen Erfolg und setzten unseren Weg fort.

Wir waren froh, als wir in den Wald kamen, der uns Schutz vor dem Regen bot. Es war dort dunkel und unheimlich, die Bäume seufzten, und Wasser tropfte von ihnen auf den weichen Teppich aus Kiefernnadeln und braunen, verwelkten Blättern, die an unseren nassen Lederstiefeln kleben blieben. Kein einziger Vogel sang, und es schien, als schliefe der Wald; unwillkürlich flüsterten wir, bis einer von uns laut fragte: »Warum flüstern wir eigentlich?« Die Frage unterbrach die düstere Stille, und wir begannen, laut zu rufen, um uns zu beweisen, daß wir uns nicht von der dunklen, kirchenartigen Ruhe des Waldes einschüchtern ließen. Wir rannten zwischen den Bäumen umher, versteckten uns hinter den Stämmen und sprangen hervor, um uns gegenseitig zu erschrecken, und die Mutigeren liefen voran, bis wir sie nicht mehr sehen konnten, kletterten auf die hohen Äste und schwangen sich wie Tarzan mit grauenhaften Schreien herunter.

Ich suchte rechts und links des Pfads nach meinem speziellen Baum, den ich jedes Jahr besuchen ging. Er hatte einen weichen, moosbewachsenen Stamm mit dicken Vorsprüngen und tiefen Höhlungen, und man konnte sich gut vorstellen, daß Feen und Elfen darin wohnten. Zuerst konnte ich ihn nicht finden und dachte schon, er sei verschwunden, als er plötzlich vor mir stand, moosiger und weicher denn je. Ich lief hin und legte meine Arme um ihn, aber er war viel zu dick, als daß ich ihn hätte umschließen können. Seine untersten Äste schienen meilenweit über meinem Kopf zu hängen, doch in seinem Stamm waren so viele interessante kleine Nischen, daß die Versuchung, dazubleiben und mit ihnen zu spielen, sehr groß war. Jedes Jahr vor Weihnachten nahm ich mir vor, einmal einen Sommerausflug zu meinem Baum zu machen, aber ich vergaß es völlig, bis wieder Stechpalmensonntag war.

Unsere Aufgabe war es, Stechpalmenzweige zu sammeln; also legten wir unsere Hanfschnur schließlich auf den weichen, von Kiefernnadeln bedeckten Boden, dort, wo sich die Stechpalmen zwischen ihren höher gewachsenen Nachbarn versteckten. Wir teilten unsere Mannschaft in Kletterer, Fänger und Zusammenbinder. Die Kletterer mußten die Stechpalmenzweige, die ihrer Ansicht nach am besten aussahen, absägen oder abbrechen. Manchmal half ihnen auch die Bodentruppe bei der Meinungsbildung. Die Säge meines Vaters quietschte und kratzte über die Zweige und erwies sich als so nutzlos, wie wir befürchtet hatten. Daher wurden die Zweige durch ruckartiges Sägen, Brechen und Drehen abgetrennt. Der Fänger hatte Glück, wenn der Zweig direkt auf den Boden fiel; manchmal blieb er zwischen anderen Ästen hängen und mußte herausbugsiert werden, während der Kletterer von oben Anweisungen herunterrief und den Baum zur richtigen Seite bog. Die Bodentruppe sortierte die Sammlung nach der Länge der Zweige und legte sie auf die Hanfschnur. Die schönsten Exemplare hatten rote Beeren, und wenn wir genug Stechpalmenzweige mit roten Beeren für die Weihnachtskerze und die Krippe hatten, waren wir glücklich. Beim Zusammenbinden der Zweige mußten wir vorsichtig sein, da sich die Stechpalmen nicht gerne fest zusammenbinden ließen und aus Rache in alle Richtungen kratzten und schrammten.

Als nächstes stand Efeu auf dem Programm, und dies wurde vom Boden aus gesammelt. Wir packten jeweils das untere Ende von langen Efeusträngen, die sich um die großen Bäume rankten. Manchmal hatten wir Glück, und das Efeu ließ sich leicht herunterziehen, aber oft brach es auch ab, wenn wir gerade ein schönes Stück zu haben glaubten. Dann hatten wir nur noch kahle Stengel in der Hand, während wir über unseren Köpfen schöne, dichte Blätter sahen. Das Efeu war viel weicher und angenehmer als die Stechpalmen, und als wir genug davon hatten, wickelten wir es zu großen Ringen auf und banden diese zusammen.

Jetzt mußte nur noch das Moos für die Krippe und für den Fuß des Weihnachtsbaums gesammelt werden. An einigen der Hänge neben den Wegen wuchs schönes Moos, aber das beste fand man an den Stämmen der alten Bäume. Wenn ein Baum vornüber geneigt war, schien das Moos auf dem schrägen Stamm eine Art Decke zu bilden, fast wie ein Sattel auf dem Rücken eines Pferdes, und wenn man mit seinen Fingern genau darunter kam, konnte man ein großes Stück auf einmal ablösen. Wenn diese Aktion begann, versuchte ich immer, die Moossammler von meinem speziellen Baum wegzulenken, aber irgendwer entdeckte ihn doch. Dann konnten nur Tränen und Hysterie meinerseits bewirken, daß der Baum seinen Mantel, der ihn vor der Winterkälte schützte, anbehalten durfte.

Mein Bruder hielt mir einen Vortrag darüber, daß es gut für den Baum sei, von seinem Moosmantel befreit zu werden, aber mich beeindruckten seine Argumente nicht. Alles, was ich wußte, war, daß ich ohne meinen Mantel fror, und mir leuchtete nicht ein, warum das bei meinem Baum anders sein sollte. Vorträge über Naturschutz führten bei mir zu nichts. Schließlich siegten meine Tränen, und mein Freund war wieder für ein Jahr gerettet.

Als die Krähen am Abend in den Wald zurückkehrten, wußten wir, daß es Zeit war, nach Hause zu gehen. Mit ihren schwarzen Flügeln flatternd, hörte man sie am Himmel nahen. Mit lautem Gekreische stürzten sie herab, so daß der Wald zu einem einzigen Widerhall wahnsinnigen Lärms wurde. Als wir aus dem Schutz der Bäume heraustraten, stellten wir fest, daß es aufgehört hatte zu regnen, und die bitterkalte Abendluft legte sich uns wie ein kaltes Tuch aufs Gesicht. Väterchen Frost war eifrig dabei, seinen grauen Mantel auf das Land zu legen. Die tropfenden Bäume des frühen Nachmittags waren zu gefrorenen, stummen Gestalten geworden, und das Gras knirschte unter unseren Stiefeln.

Da wir mit soviel Grünzeug beladen waren, kamen wir nur langsam voran, und die Bündel mußten regelmäßig verlagert werden, da die dornigen Stechpalmenzweige prickelige Reisebegleiter waren. Als wir zum Fluß kamen, mußten wir die Bündel sicher ans andere Ufer bekommen, bevor wir selbst hinübersprangen. Man mußte sie mit einem guten Gespür für die richtige Richtung werfen, denn eine Fehlkalkulation konnte dazu führen, daß ein Bündel im Fluß verschwand.

Alles verlief nach Plan, und während ich darauf wartete, Anlauf zu nehmen und zu springen, spürte ich die schneidende Kälte in meinem Gesicht und die Taubheit meiner Finger; die Zehen in meinen nassen Stiefeln fühlten sich an, als seien sie außerhalb statt innerhalb meiner dicken Stricksocken. Mehr durch Glück als durch meine athletischen Fähigkeiten landete ich sicher am anderen Ufer.

Während wir nach Hause trotteten, stieg der Mond am dunkelblauen Himmel höher, und als wir stehenblieben, um zu den Sternen emporzublicken, fragte ich mich, welcher von ihnen wohl in der allerersten Weihnachtsnacht heruntergekommen war, um die Krippe zu erleuchten.

Als wir zu Hause ankamen, brachten wir unsere Stechpalmenzweige in den alten Steinschuppen am Ende des Hofs, wo die gerupften Gänse meiner Mutter von den Dachbalken hingen. Hier teilten wir unsere Sammlung in kleinere Bündel auf, denn morgen wollten wir meiner Großmutter und Nell und Bill, die keine Kinder hatten, um für sie im Wald Stechpalmenzweige zu sammeln, je ein Bündel bringen.

Der Brief
an den Weihnachtsmann

Efeu hing über der von Sonne und Regen gezeich-
neten Tür wie Haarsträhnen auf dem Gesicht
einer alten Dame. Im Laufe ihres Lebens war die
Tür rosa, grün, rot und grau gewesen, dann waren
alle Farben verblichen und abgeblättert und hatten sich miteinander vermischt, so daß die Tür
nun weich, vielfarbig und verwittert aussah. In
den Tagen nach dem Gänserupfen pilgerten wir
täglich dorthin, weil hinter ihr die guten Geister
des bevorstehenden Weihnachtsfestes verborgen
waren. Sie hingen an den Dachbalken, und ihre
gelben Beine waren mit brauner Schnur zusam-
mengebunden. Die weißen, steifgefrorenen Geister baumelten da mit ausgebreiteten Flügeln und
nach unten gerichteten Schnäbeln wie herabstür-
zende Engel inmitten der dunklen Schatten des
Torfschuppens.

Die Bretter der alten Tür, von denen die Farbe
abblätterte, waren im Laufe der Zeit zusammenge-
schrumpft, so daß ich jetzt durch die Ritzen in das
unheimliche Dunkel im Inneren spähen konnte.
Manchmal griff ich nach oben, drückte die rostige
Klinke herunter und stieß die Tür, die voller Protest über den Steinboden schrammte, ein Stück

auf. Um sie ganz zu öffnen, brauchte man mehr Mut, als ich ihn besaß. Vorsichtshalber blieb ich mit dem größten Teil meines Körpers draußen, zur Flucht bereit, falls eine dieser grauweißen Gänse plötzlich wieder lebendig werden und mich auf ihrem Schnabel davontragen würde. Also steckte ich meinen Kopf durch den Spalt und starrte voller Ehrfurcht auf diese aschfahlen Wesen. Sie hatten nur wenig Ähnlichkeit mit den rundlichen, weißen Gänsen, die in der vergangenen Woche noch voller Wohlbehagen im mit Stroh ausgelegten Maststall geschnattert hatten.

Diese Tür war mein Tagebuch und diente dazu, die schönen Dinge meines Lebens festzuhalten. Eine der rostigen Angeln hatte einen losen Nagel, den ich herausziehen konnte, und mit diesem Nagel ritzte ich das Datum ein, wenn sich etwas Schönes ereignet hatte, und malte kleine Skizzen, die für mich eine besondere Bedeutung hatten. Niemand sonst wurde aus all dem Gekritzel und Gemale schlau, aber für mich hatte alles einen geheimnisvollen Sinn. Die Spalten zwischen den Steinen neben der Tür waren die Verstecke für meine Schätze: bunte Muscheln, seltsam geformte Steine aus dem Flußbett, bunte Glasscherben und ein altes Vogelnest, in dem ich meinen Brief an den Weihnachtsmann aufbewahren konnte, bis die Zeit zum Abschicken gekommen war.

Den Nachmittag, an dem wir die Schulferien bekamen, reservierten wir für die wichtige Unternehmung, an den Weihnachtsmann zu schreiben. Solange wir nicht gesehen hatten, wie der Lehrer den schweren Eisenschlüssel in dem großen Schloß umdrehte, fühlten wir uns von den Fesseln der Schule noch nicht frei genug, um uns ganz auf Weihnachten zu konzentrieren. Jetzt aber war es an der Zeit, Santa Claus wissen zu lassen, daß wir auf sein Kommen warteten, und ihm ein paar Tips zu geben, was wir brauchen konnten.

Unser Freund Bill, der oben auf dem Hügel hinter unserem Haus wohnte, übernahm die Aufsicht über diese Schreibstunde. Als wir an dem Abend das Geschirr gespült hatten, versammelten wir uns um den Küchentisch. Wir legten alte Ausgaben des *Cork Examiner* auf den Tisch, um die Schreibfläche eben zu machen und vergossene Tinte aufzunehmen. Mein Vater beschloß, daß es ein guter Abend sei, um die Nachbarn zu besuchen, weil das Briefeschreiben an den Weihnachtsmann nicht ganz sein Fall war. Bill führte von seinem Platz am Kamin aus den Vorsitz, und meine Mutter stopfte auf ihrem gewohnten Platz unter der Öllampe Strümpfe.

Weil Briefpapier einen Luxus darstellte, der für Briefe ins Ausland reserviert war, mußten wir uns mit Seiten aus unseren Schulheften begnügen.

Meine Mutter stellte ein Tintenfaß in die Mitte des Tischs – wenigstens an die Stelle, die sie für die Mitte hielt, denn das war ein strittiger Punkt, und es entstand eine Auseinandersetzung darüber, wo genau die Mitte des Tischs war. Ein Mini-Tauziehen am Tintenfaß führte zu Tintenklecksen auf dem *Cork Examiner,* und Bill schritt ein, indem er drohte, er werde meinem Vater auf dem Fuße folgen, wenn wir uns nicht benähmen. Wir glaubten ihm nicht ganz, aber gleichzeitig hatten wir Angst, ein Risiko einzugehen. Ohne Bill könnten die Gestaltung des Wunschzettels und die endgültigen Entscheidungen, was unsere Wünsche und die Rechtschreibung betraf, zu einem Problem werden. Schließlich wurde es ihm überlassen, wo das Tintenfaß zu stehen hatte. Als er es genau an denselben Platz wie meine Mutter stellte, mußten wir uns alle damit zufriedengeben. Die es am wenigsten waren, trösteten sich über ihre Enttäuschung hinweg, indem sie denen Grimassen schnitten, die siegesbewußt grinsten.

Vor jedem von uns lag ein Schulheft, und wenn man Glück hatte, war die Doppelseite in der Mitte noch unbenutzt, und man konnte sie vorsichtig aus den Heftklammern herausziehen.

Wir waren sehr unerfahren in der Kunst des Briefeschreibens, und daher half uns Bill auf die Sprünge, indem er uns sagte, wir müßten unsere

Adresse oben rechts in die Ecke schreiben. Meine Schwester Phil, die für Erdkunde schwärmte, gab sich jedoch nicht mit der einfachen Adresse zufrieden, sondern fügte hinzu: »Irland. Europa. Diese Welt.« Ich bezweifelte, daß Santa Claus all diese Angaben brauchte, aber weil Phil besser in Erdkunde war als ich, beschloß ich, es ihr gleichzutun.

Das nächste Problem war die Anrede: »Weihnachtsmann«, »Santa Claus« oder »Santy«? Wir nannten ihn immer »Santy«, aber andererseits nannten wir auch eine der Lehrerinnen in der Schule »Nellie«, hätten sie jedoch niemals so angeredet. War »Santy« kindisch und allzu vertraut? Wir konnten uns nicht einigen, aber ich blieb bei »Santy«, weil ich in meinem Inneren immer nur als »Santy« an ihn denken konnte. Wenn ich ihn irgendwie anders genannt hätte, hätte ich das Gefühl gehabt, einem Fremden zu schreiben.

Wir tauchten unsere Federn in die Tinte. Wenn wir sie zu tief in das Faß steckten, kamen sie mit einem Überschuß an Tinte heraus, was zu einem Klecks auf dem Papier führte. Manchmal konnte man die Tinte zum Teil mit Löschpapier aufsaugen, vor allem, wenn es noch weiß und sauber war. Wenn es mit dem Löschpapier nicht ganz klappte, griffen wir zu einem Tintenradiergummi; allerdings konnte übermäßiger Gebrauch dazu führen, daß unwillkommene Löcher entstanden. Dann mußte man noch mal von vorne anfangen.

Wirklich schwierig wurde es aber erst, wenn es um die Wünsche ging. Wir wußten genau, was wir wollten, wollten aber auch nicht unverschämt erscheinen. Hier überlegte Bill mit uns und gab uns Ratschläge. Ich wünschte mir eine Puppe, weil ich noch nie eine ganz für mich gehabt hatte, und sie konnte von mir aus auch ganz klein sein, solange sie mir allein gehörte. Aber ich wünschte mir auch Buntstifte, ein Malbuch und eine Schultasche, denn meine Bücher fielen immer aus meiner Tasche, und sie war schon so oft geflickt und genäht worden, daß jetzt die Flicken geflickt werden mußten. Ich fragte mich, ob ich nicht mein Glück verscherzte, wenn ich mir drei Dinge wünschte, aber Bill riet mir, es zu versuchen. Also schrieb ich meine Wünsche auf und war zufrieden, nichts ausgelassen zu haben.

Als ich meinen Brief fertig und sorgfältig unterschrieben hatte, fertigte ich eine genaue Abschrift an, die ich in meiner Tasche versteckte. Meine Mutter holte einen Luftpostumschlag, wir falteten alle Briefe ordentlich zusammen und steckten sie hinein, und dann adressierte ihn meine Schwester Frances an »Santa Claus, Nordpol«. Am nächsten Tag warteten wir auf Johnny, den Briefträger, und als er kam, versicherte er uns, daß der Brief noch am selben Abend seine Reise antreten würde.

Später an dem Tag ging ich wieder zur Tür des alten Torfschuppens und zog das Efeu zur Seite. Dort zwischen den Steinen war das ausgetrocknete Vogelnest, das nicht mehr im Gebrauch war, weil seine Besitzerin einen Auslandsurlaub machte. Ich zog die Abschrift meines Briefs an den Weihnachtsmann vorsichtig aus meiner Tasche und steckte sie ins Nest. Ich hielt dies für den idealen Aufbewahrungsort, weil sowohl die Besitzerin als auch Santa Claus an einem fernen Ort wohnten und vom Himmel hierhin kamen. Daß sie beide aus unbekannten Welten kamen, war geheimnisvoll; ihr Platz war im Himmel, und mein Brief war dazu bestimmt, sich zu ihnen zu gesellen, wenn die Zeit gekommen war.

Am Heiligen Abend wollte ich meinen Brief aus dem Nest holen, und wenn wir an dem Abend am Kamin sitzen würden, wollte ich ihn zu den brennenden Torfsoden werfen, wo er sich zusammenrollen und mit dem Rauch in den Schornstein aufsteigen sollte. Mein Brief an den Weihnachtsmann würde in dem Rauch, der auf geradem Wege durch Neds sauberen Schornstein hinaufstieg, aufgezeichnet werden, und Santa Claus könnte so meine Nachricht in den Wolken lesen.

Kaminfegen bei Nell

Am nächsten Morgen machte ich mich mit den weihnachtlichen Stechpalmenzweigen auf den Weg zu Nell.

Als ich von unserem Hof wegging, rief mein Vater mir nach: »Du mußt der mal sagen, sie soll ihren Kamin vom Schwarzen Ned fegen lassen, solang er in der Nähe ist, sonst verkohlt sie noch eines Tages unter dem Strohdach.«

»Ja, ich sag's ihr«, rief ich zurück, »aber sie macht es sowieso nicht.«

»Nein«, stimmte er mir zu, »sie wartet so lange, bis alles lichterloh brennt, und erwartet dann, daß ich Trottel einmal kräftig spucke und das Feuer gelöscht ist.«

Nell war ein ständiges Ärgernis für meinen Vater, und er verglich sie oft mit ihrem eigenen Esel. Er erklärte, daß man beide weder führen noch treiben könnte.

Ich zeigte ein gewisses Verständnis für seinen Standpunkt, aber viel mehr Verständnis konnte ich für Nell aufbringen. Was den Haushalt betraf, tat sie nur, was sie für unvermeidlich hielt. So wie Nell es mir erklärte, leuchtete es mir sofort ein. Den Schwarzen Ned würde sie bezahlen müssen, und obwohl er nicht viel verlangte, wollte Nell trotzdem nichts ausgeben. Dazu kam, daß sie es haßte, irgendwen in ihrem Haus zu haben. Sie hatte das Haus gern für sich, und auch mir gefiel es so. Ich konnte über die Felder zu Nell verschwinden und dort meine eigene Herrin sein, denn Nell hielt sich an keinerlei Regeln und erwartete das ebensowenig von mir.

Sie lebte allein in einem alten, strohgedeckten Haus, und ihre einzige Gesellschaft waren ihr Hund Shep und eine bunte Katzenschar. Sie versorgte ihren kleinen Hof selbst und melkte jeden Morgen und Abend ihre paar Kühe und die Ziege. Den Nachbarn, die ihr bei der Ernte halfen, dankte sie nicht; ja, sie bekundete sogar einen ausgeprägten Widerwillen, ihnen an dem Tag etwas zu essen zu geben. Sie sagte ihnen, es sei ihre Christenpflicht, einer Nachbarin auszuhelfen, die keinen Mann hat, der ihr die schwere Arbeit abnimmt. Mein Vater verdrehte dann seine Augen zum Himmel und sagte ihr, kein Mensch auf der Welt könne es mit ihr aushalten. Sie entgegnete ihm, daß es bis auf die Drecksarbeit nichts in ihrem Leben gebe, wofür sie einen Mann brauche.

Nell hatte ihre eigene Methode, sich um den rußigen Kamin zu kümmern. In der vergangenen Woche hatte sie an einem Abend den großen Hofbesen von unten in den Kamin gestoßen und soviel Ruß, wie sie konnte, heruntergeholt. Dann ließ sie mich auf ein rostiges Teerfaß und von dort aufs Dach klettern, wo ich mich krampfhaft am alten braunen Stroh festhielt. Sie reichte mir einen Ginsterzweig, und ich kroch immer höher, machte einen Bogen um die durchhängenden Stellen und zog den Zweig hinter mir her. Als ich am Schornstein ankam, stand ich zitternd daneben auf und wagte kaum, herunterzusehen, weil ich Angst hatte, schwindelig zu werden und im Sturzflug hinunterzufallen. Als ich mein Gleichgewicht wieder hatte, hielt ich mich an der Oberkante des Schornsteins fest und spähte hinein. Unten war eine pechschwarze Welt. Ich zerrte den Ginsterzweig über die Schornsteinkante, schob ihn, soweit ich konnte, hinein und ließ dann los in der Hoffnung, er würde seine Reise fortsetzen. Aber Nells rußiger Kamin setzte sich über das Gesetz der Schwerkraft hinweg, und der Ginsterzweig blieb auf halbem Weg zwischen Nell und mir stecken. Sie stand unten und sah hoch, und ich stand oben und sah hinunter, aber keine von uns konnte ihn packen.

»Was sollen wir jetzt machen?« rief ich den hohlen Schornstein hinunter.

»Laß mich in Ruh, Kind, ich denk nach«, rief sie zurück. Ihre Stimme klang durch den dunklen Schornstein gedämpft.

Während Nell nachdachte, setzte ich mich neben ihren Schornstein und zupfte mir die Ginsterdornen aus den Fingern. Inzwischen begann ich an meinem Standort dort oben auf dem Dach Gefallen zu finden. Zu Hause hätte ich nie so interessante Arbeiten wie diese hier machen dürfen, und obwohl ich ein bißchen Angst hatte, fand ich es doch wunderbar aufregend, hier oben zu sein. Mögliche Gefahren kamen Nell nie in den Sinn, und das war einer der Gründe, warum es so spannend war, mit ihr gemeinsam etwas zu unternehmen. Ich staunte, wie weit übers Land ich von diesem Aussichtspunkt blicken konnte. Die Schule auf der anderen Seite des Tals wirkte ganz klein, und ich konnte die kleine Steinbrücke sehen und den Fluß, der unter ihr verschwand und dann in der Ferne wieder glitzerte, bevor er sich in den Wald schlängelte.

»Bist du noch da oben?« Nells Stimme klang, als spräche ein Geist aus einem Verlies. Ich stand auf und spähte den Schornstein hinunter. Ganz unten, unter dem Ginsterzweig, konnte ich eine Bewegung ausmachen. Weil Nells Haare schwarz waren und ihr Gesicht dieselbe Färbung hatte, hob sie sich nicht gegen das rußige Innere des Schornsteins ab. Von dort, wo ich stand, sah alles, auch Nell, mehr oder weniger schwarz aus, und mitten in diesem Tal der Trauer war der Dornbusch einge-keilt.

»Bleib, wo du bist«, rief sie zu mir hoch, und ich fragte mich, wohin ich ihrer Ansicht nach hätte ge-hen können.

»Mach doch ein Feuer, so daß der Zweig ver-brennt«, schlug ich ihr vor.

»Kind, du hast keinen Funken Verstand«, ent-gegnete sie, und ich wollte ihr nicht sagen, daß mein Vater oft genau dasselbe über sie sagte. »Ich hol das Teerfaß rein«, fuhr sie fort, »und stell mich oben drauf, vielleicht komm ich dann an den Zweig ran.«

Sie tauchte unten im Hof auf. Nells Äußeres war zwar noch nie persilweiß gewesen, aber jetzt war sie von losem Ruß bedeckt, der wie ein schwarzer Regenschauer von ihr herabfiel, als sie sich bückte, um das Faß in die Küche zu rollen. In-zwischen hatten alle Katzen beschlossen, daß der Kamin eine Gefahrenzone war, und stolzierten voller Protest mit hocherhobenen Schwänzen über den Hof, wobei sie laut und klagend miauten. Nells hochträchtige Hirtenhündin Shep hatte ihre Schnauze auf ihre ausgestreckten Pfoten gelegt, rollte mit den Augen und fragte sich, warum wir so ein Theater veranstalteten. Nell wollte nicht, daß Shep Welpen bekam, und hatte sie mit großer Wachsamkeit im Auge behalten, aber irgendwann war sie wohl nachlässiger geworden, denn seit ein paar Wochen machte Shep einen trächtigen Eindruck. Nell glaubte, daß es Dans Mischling war, der ihr Sicherheitsnetz durchbrochen hatte, und sie schwor Rache. Ich aber freute mich schrecklich auf das kommende Ereignis und ging jeden Nachmittag nach der Schule über die Felder zu Nell, um nachzusehen, wie sich Shep machte. Ich wollte, daß die Welpen rechtzeitig zu Weihnachten kamen.

Nell stieg auf das Teerfaß, aber sie konnte den Zweig noch immer nicht erreichen. Sie gab sich nicht so leicht geschlagen und kam auf eine andere Idee. Sie ging in ihren gemauerten Kuhstall und kam mit einem Knäuel Bindfaden wieder heraus.

»Fang«, wies sie mich an und schleuderte das Knäuel in meine Richtung, in der Erwartung, ich würde danach springen wie ein Mittelfeldspieler aus Kerry. Da ich kein Mick O'Connell mit einer großen Reichweite war, segelte das Bindfadenknäuel über das Hausdach und in das dahinterliegende Gebüsch.

»Kind«, rief sie mir zu, »du bringst mich noch ins Grab.«

In meinen Augen war das leicht gesagt, denn wer kreuzigte hier wen.

Sie verschwand im Gebüsch und kam triumphierend mit dem Bindfaden heraus. »Diesmal fängst du aber«, ordnete sie an.

»Wirf nicht so hoch«, sagte ich und versuchte mein Gleichgewicht zu halten, um keinen Kopfsprung auf den Hof zu machen. Diesmal zielte sie so genau, daß das Knäuel auf die Schornsteinkante flog und im Schornstein verschwand, bevor ich es schnappen konnte. Sie hatte einen Volltreffer gelandet.

»Was für Hände hast du bloß, Kind?« wollte sie wissen. »Du würdest nicht mal meinen Esel fangen, wenn er beschließen würde zu fliegen.«

Ich blickte den Schornstein hinunter, und dort unten sah ich das Bindfadenknäuel wie ein Vogelnest im Ginsterzweig stecken. Nell, so beschloß ich, hatte das Zeug zu einem großen Stürmer – ihre Treffsicherheit war tödlich.

»Also, Kind«, rief sie von unten und schwenkte ein zweites Bindfadenknäuel, das sie aus dem Kuhstall geholt hatte, »das ist unsere letzte Chance, denn noch mehr Bindfaden hab ich nicht.«

Diesmal war ich auf sie gefaßt und schnappte das Knäuel in vollem Flug, aber in meinem Bestreben, es zu fangen, dachte ich nicht mehr an meinen gefährlichen Standort und fiel fast vom Dach.

»Kind«, ermahnte sie mich von unten, »stell dich gerade hin und spiel nicht den Clown.«

»Nell«, protestierte ich, »ich hätte herunterfallen und mir das Genick brechen können.«

»Wozu solltest du das denn tun?« fragte sie verärgert.

Ich packte das Bindfadenknäuel fest mit der Hand, hielt mich an der Schornsteinwand fest und wartete auf weitere Anweisungen.

»Laß das eine Ende vom Bindfaden den Schornstein runter«, wurde mir aufgetragen, »und versuch es durch eine Lücke im Zweig zu fädeln«, rief Nell zu mir hoch, bevor sie ins Haus ging.

Ich tat, was sie gesagt hatte, und ließ das eine Ende des Fadens den Schornstein hinunter. Gott sei Dank glitt es immer weiter, bis ich einen Ruck spürte und Nell zufrieden rief: »Ich hab's! Wickel jetzt das Knäuel auf und laß das andere Ende durch eine andere Lücke im Zweig herunter.«

Das war leichter gesagt als getan, und ich mußte den Faden lange manövrieren und hin und her schwenken, bis wir ihn da hatten, wo wir ihn haben wollten. Selbst dann verfing er sich noch auf dem Weg nach unten und mußte mehrmals wieder hochgezogen werden, bevor wir ihn endlich unten hatten. Der Rest war Nells Aufgabe. Sie hatte jetzt die beiden Enden in den Händen, und als sie kräftig daran zog, löste sich der Zweig allmählich, ebenso wie der Ruß.

Ich hörte gedämpftes Stöhnen aus der Unterwelt und rief zu Nell herunter: »Alles in Ordnung bei dir?«

»Meine Mandeln und Augäpfel sind übersät mit Ruß«, krächzte sie zu mir hoch.

Ich kroch das Dach hinunter, hielt mich krampfhaft fest und spürte, wie die Feuchtigkeit aus dem Strohdach durch die Knie meiner dicken, schwarzen, gerippten Strümpfe immer höher stieg. Ich steuerte ungefähr auf den Punkt zu, an dem meiner Ansicht nach das Teerfaß sein mußte, und ließ mich dann hinuntergleiten, wobei ich mich am unteren Ende des Strohdachs festhielt und mit den Beinen in der Luft nach einem Platz zum Stehen tastete. Aber das Teerfaß war nicht da. Ich hatte mich verkalkuliert, einfach vergessen, daß sie das Faß in die Küche mitgenommen hatte. Und jetzt baumelten meine Beine in der Luft.

»Nell!« schrie ich. »Nell, Nell!«

Minuten vergingen, bis sie um die Hausecke kam, das Teerfaß vor sich her rollend. »Warum zum Teufel hast du nicht gewartet, bis das Teerfaß wieder da ist?« fragte sie und rollte es unter meine Füße.

»Nell, ich konnte doch von oben nicht sehen, daß das Faß nicht da war«, erklärte ich ihr.

»Wie konnte es denn hier draußen sein, wo ich es doch drinnen hatte?« meckerte sie.

»Das hatte ich vergessen.«

»Was hab ich für ein Glück, daß ich nicht mit Kindern gestraft bin«, erwiderte sie.

Als wir in die Küche zurückgingen, blieb ich voller Staunen in der Tür stehen. »Nell, das sieht ja aus wie ein Höllenkamin«, sagte ich begeistert.

»Mach dich lieber nützlich«, meinte sie, »und fang an, ihn auszufegen, damit die Katzen reinkommen können.«

Wir verbrachten den Rest des Abends damit, den Ruß aus der Küche zu fegen, und bei Einbruch der Dunkelheit hatten wir es geschafft: Ein gewaltiges Feuer prasselte im Kamin. Und so hatte Nells Schornstein den Schwarzen Ned wirklich nicht nötig, wenn auch mein Vater das nicht wußte.

Als ich jetzt, eine Woche später, mit den Stechpalmenzweigen in Nells Hof kam, war Shep nirgendwo zu sehen. Das war ungewöhnlich, aber ich war so erfüllt von meiner Aufgabe, ihr Haus zu schmücken, daß ich vergaß, der Sache nachzugehen. Nell war nicht übertrieben begeistert davon, daß ihr Haus geschmückt wurde, aber da ich versprach, nach Weihnachten alles wieder zu entfernen, gab ich ihr keinen Grund zum Widerstand.

»Weihnachten ist nur was für Kinder und Narren«, sagte sie zu mir, und dann lachte sie in sich hinein und fügte hinzu: »Vielleicht sind wir beiden deshalb die Richtigen dafür.«

Der Höhepunkt des Weihnachtsfestes bei Nell war für mich das Paket, das sie von Verwandten aus Amerika bekam. Es wunderte mich, daß Nells Verwandte so wenig Ahnung von ihren Bedürfnissen hatten. Sie schickten ihr Sachen, die schön und nutzlos waren, aber weil Nell sich nie von etwas trennte, wurden sie alle zu irgendeinem Zweck eingesetzt. Im vergangenen Jahr war zu Weihnachten ein tief ausgeschnittenes weißes Nachthemd gekommen, das in weiches, weißes Papier gewickelt war und nach exotischem Parfum duftete. Nell hatte das Nachthemd oben um die Milchkanne gewickelt und dazu benutzt, die Milch zu filtrieren.

Als ich die Stechpalmenzweige aufhängte, entdeckte ich auf der Bank eine unbekannte Verpakkung, die jetzt leer war.

»Nell«, sagte ich fröhlich, »es ist ja gekommen.«

»Was?« fragte sie unschuldig.

»Du weißt, was«, protestierte ich, »das Paket.«

»Ach, das«, winkte sie geringschätzig ab, »da war lauter alter Plunder drin.«

»Aber was war denn drin?« bohrte ich, obwohl ich bezweifelte, daß sie es mir sagen würde.

Ein amüsiertes Lächeln trat in ihr Gesicht, und dann lachte sie laut los. »Du wirst es nicht glauben«, kicherte sie.

»Was werd ich nicht glauben?«

»Was in dem Paket war.«

»Was denn, was denn?« fragte ich, vor Aufregung hüpfend. Nell erzählte mir selten, was in dem Paket war, also mußte es etwas sehr Ungewöhnliches sein.

»Ein Pelzmantel«, prustete sie.

»Ein Pelzmantel!« stieß ich verblüfft aus. Niemand in unserer Ecke der Welt besaß einen Pelzmantel, außer »Yankees«, die zu Besuch kamen, und der Frau des Arztes. Pelzmäntel galten als der Inbegriff des Luxuslebens. Wenn man einen Pelzmantel besaß, hatte man in unseren Augen das große Los gezogen.

»Nell, was willst du denn damit machen?« wollte ich wissen.

»Ich trag ihn nachts im Bett, wenn's besonders kalt ist«, sagte sie.

»Du nimmst mich ja nur auf den Arm«, protestierte ich.

»Na ja«, gab sie zu, »ich hab auch schon eine andere Verwendung für ihn gefunden.«

»Wo ist er denn?« wollte ich wissen.

»Das wirst du schon noch rausfinden«, war alles, was ich aus ihr herausbekommen konnte. Wenn Nell beschloß, das Gespräch zu beenden, hatte es keinen Sinn, weiter nachzuhaken, also gab ich es auf und konzentrierte mich auf die Stechpalmenzweige, während Nell hinausging, um die Hühner zu füttern. Wenn sie das tat, kam Shep gewöhnlich danach mit ihr herein, aber an dem Abend ließ sich die Hündin nicht blicken.

»Wo ist Shep?« fragte ich.

»Du hast sie über den Stechpalmen und dem Paket fast vergessen«, warf sie mir vor.

»Ja, das stimmt«, gab ich zu.

»Im Entenstall ist eine Überraschung für dich«, sagte Nell.

»Sie hat die Welpen bekommen!« Ich kreischte vor Freude und lief zur Tür. Ich rannte über den Hof zum Entenstall, einem winzigen Anbau an den Kuhstall. Sogar ich mußte mich beim Hineingehen ein bißchen ducken. Dort drinnen war Shep, die als Willkommensgruß mit dem Schwanz wedelte und von ihren neugeborenen Welpen umringt war. Zuerst dachte ich, es wären Dutzende von Welpen, aber als sich meine Augen an das Halbdunkel des Stalls gewöhnt hatten, merkte ich, daß nicht aller Pelz um Shep herum lebendig war. Unter Shep und ihren sechs Welpen lag Nells neuer Pelzmantel, und die Hunde streckten sich darauf aus und genossen die wohlige Wärme. Sie waren für Weihnachten gut gerüstet, die Pfoten tief in echtem Pelz vergraben.

Zurück von den Feldern

Als es nachts allmählich kalt wurde und jeder Morgen einen Mantel aus Frost trug, war es Zeit, die jungen Kühe vom Fluß hereinzuholen, wo sie den ganzen Sommer über frei herumgelaufen waren. Sie hatten die Schranken des Lebens im Stall vergessen und waren jetzt halb verwildert, so daß alle helfenden Hände bei dieser großen Unternehmung nötig waren. Mein Vater und Martin gingen voran, und wir folgten ihnen über die Felder zur Niederung des Flusses.

Martin, der uns auf dem Hof half, war nicht viel älter als mein Bruder und stets guter Dinge und zu Späßen aufgelegt. Er sang und tanzte gern und spielte Akkordeon wie ein Vögelchen. Er war eine große Hilfe, wenn wir die Färsen vom Fluß hochtrieben, denn er glättete die Wogen, wenn sich die Gemüter erhitzten. Verlor mein Vater die Beherrschung, störte sich Martin nie daran, und manchmal bekam er sogar mitten in einem der Tobsuchtsanfälle meines Vaters einen Lachkrampf. Träge, mürrische Leute gingen meinem Vater auf die Nerven, aber da Martin stets vergnügt und aufgeweckt war, mochte ihn mein Vater sehr gern.

Meine Mutter war die einzige, die sich von der Teilnahme an dem Unternehmen mit der Begründung, sie könne nicht schnell genug laufen, entschuldigen durfte, wogegen wir nichts einwenden konnten. Die Fähigkeit, schneller zu rennen als diese langbeinigen, kräftigen jungen Kühe, war unerläßlich; oft waren wir überzeugt, daß etliche von ihnen das Zeug zum Grand National hatten.

Zuerst bildeten wir einen großen Halbkreis um sie und trieben sie sacht zum ersten Mauerdurchgang, und sie gingen recht gesittet hindurch. Aber als sie allmählich aus der vertrauten Umgebung fort auf unbekannte Weiden getrieben wurden, schlossen sie die Reihen und wurden zu einer nervösen Herde, die drohende Gefahr witterte. Wir hielten Abstand zu ihnen, um sie nicht aufzuregen, lenkten sie aber dennoch auf den richtigen Weg, indem wir mit den Armen fuchtelten, wenn sie in die falsche Richtung liefen.

Allmählich wurden sie schneller und drängten sich in einer Reihe Kopf an Schwanz zusammen. Wir wußten aus Erfahrung, daß sie auf die Gelegenheit warteten, daß eine von ihnen einen Satz in die Freiheit machen könnte. Manchmal war es die Anführerin der Herde, aber es konnte ebensogut eine aus dem hinteren Teil der Reihe sein, weshalb wir auf eine Flucht aus jedem möglichen Winkel gefaßt sein mußten. Wenn eine von ihnen aus der Reihe ausbrach, würde man die anderen nicht mehr halten können.

Mein Vater glaubte, man müsse die Familienge-
schichte berücksichtigen, um Unruhen vorherse-
hen zu können. »Behaltet das schwarze Biest da im
Auge – die Oma von der war auch immer auf Kra-
wall aus«, rief er.

Zwei von uns rannten voran, um mögliche
Fluchtwege abzuschneiden, und alles ging gut, bis
wir auf die Wiese unterhalb des Hauses kamen
und sie den Hof sahen. Ein Instinkt warnte sie,
daß sie ihre Freiheit verlieren würden, und sie beschlossen, bis hierher und nicht weiter zu gehen.
Anstatt daß eine einen Vorstoß in die Freiheit
wagte, wie wir erwartet hatten, rannten gleich drei
von ihnen auf einmal los.

»Halt die verdammte Ausreißerin!« brüllte
mein Vater mir zu, als eine Kuh, mit den Augen rollend, mich umzurennen versuchte. »Laß sie nicht
abhaun!« schrie er und scherte sich gar nicht darum, daß er am Ende vielleicht eine Tochter weniger haben würde. Ich wich nicht von der Stelle und
wedelte verzweifelt mit einem Zweig unter ihrer
Nase herum, um sie davon zu überzeugen, daß ich
ihr nicht Platz machen würde. Sie drehte im letzten Augenblick ab, als ich schon dachte, sie würde
mir einen Ritt auf ihren Hörnern spendieren.

Es gelang uns, zwei der Kühe zu halten, aber
die kleine schwarze besaß, wie mein Vater voraus-
gesagt hatte, Generationen von revolutionärem

Blut in ihren Adern. Sie brach aus und rannte mit fliegendem Schwanz zurück zum Fluß. Sie war nach ihrer Mutter und einer ganzen Ahnenreihe von Großmüttern »Amsel« genannt worden, und wenn man sie so dahinfliegen sah, konnte man nur zu dem Schluß kommen, daß sie einen passenden Namen hatte. Mein Vater schickte ihr eine solche Litanei von Flüchen hinterher, daß sie auf der Stelle verbrannt wäre, wenn Flüche ein Feuer entzünden könnten.

»Lauf ihr nach!« rief er meinem Bruder zu, dem stolzen Besitzer etlicher im Wettlauf errungener Medaillen, der jetzt seine athletischen Fähigkeiten gegen die der Amsel auf die Probe stellte. Sie hatte einen Vorsprung, aber er hatte mehr Verstand. Er nahm eine Abkürzung über eine Wiese, und als sie den unteren Durchgang erreichte, war er, sehr zu ihrem Erstaunen, schon da, worauf sie vor ihm die Flucht ergriff und wieder auf uns zulief. Als sie zurückkam, stürmte sie mitten in die Herde, schwer atmend und den Kopf hin und her werfend, eine nervöse Spannung unter den anderen Kühen verbreitend. Jetzt genügte eine falsche Bewegung, und sie würden in wilder Flucht in alle Richtungen davontrampeln. Sie zitterten vor Aufregung und Angst vor dem Unbekannten.

»Regt sie nicht auf!« rief mein Vater wütend, womit er sofort genau das Gegenteil erreichte. Wir warteten ab, bis sie sich ein bißchen beruhigten, und trieben sie dann vorsichtig durch das Gatter auf den Heuhof. Das Tor des Kuhstalls war jetzt direkt vor ihnen, aber die Schwierigkeit bestand darin, sie davon zu überzeugen, ihre Köpfe hineinzustecken. Die einzige Möglichkeit war, eine Menschenkette um sie herum zu bilden und ihnen keinen anderen Fluchtweg zu lassen, aber wir hatten keine Garantie dafür, daß sie nicht jeden Augenblick beschließen würden, die Menschenkette zu durchbrechen oder einfach darüber hinwegzuspringen. Langsam drängten wir sie vorwärts. Wir hatten es fast geschafft, und unsere Nerven waren zum Zerreißen gespannt, als plötzlich eine Katze aus der Tür geschossen kam. Die erschrockenen Kühe stürmten in alle Richtungen, und wir stoben vor ihnen davon wie Stroh im Wind.

»Jesus, Maria und Josef«, fluchte mein Vater, »wo kommt denn diese Scheißkatze her?«

Manche von uns waren bei der Flucht vor den Kühen ausgerutscht, und daher waren unsere Knie und Hintern jetzt in einer Vielzahl von Grüntönen gefärbt – die vorherrschende Farbe aber war ein frisches Grün mit kräftigem Geruch, denn aufgeregte Kühe neigen zu gesteigerter Aktivität von Darm und Blase.

Wir waren wieder am Ausgangspunkt angelangt, standen eher sogar noch etwas schlechter da, weil die Kühe jetzt völlig verängstigt und nicht mehr in einer Herde, sondern über den ganzen Hof verstreut waren. Martin beschloß, daß wir sie in kleineren Gruppen hereintreiben sollten, und mein Vater ermahnte mich, die ganze Katzensippe einzusperren, sonst würde er jedes einzelne der Biester mit bloßen Händen erdrosseln.

Danach brachten wir die Kühe paarweise in den Stall, und als wir die ersten beiden drinnen hatten, reihten sich die anderen ohne weiteres hinter ihnen ein. Schließlich waren sie alle untergebracht, sehr zu unserer Erleichterung.

Die Färsen waren die letzten Tiere, die vor Weihnachten von der Weide hereingebracht wurden. Jetzt waren nur noch die Schafe draußen, aber die hatten dicke, warme Wollmäntel, die sie vor der Kälte schützten, und jeden Abend wurde ihnen Heu auf die Wiese gebracht. Nach ein paar Tagen fielen die Färsen in den Trott der anderen Kühe und gingen bereitwillig in den Stall, wo jeden Abend süß duftendes Heu auf sie wartete. Auf dem Heuhof hinter der Mauer war ein Schuppen voller Heu, um sie den Winter über zu ernähren. Auf einem Hof hinter dem Schuppen standen im Stall die beiden Pferde James und Paddy, und durch das Fenster über ihren Köpfen wurde Heu hineingeworfen, das in ihre Futterkrippen fiel. Der Schweinestall hinter dem Pferdestall war leer bis auf die alten Mutterschweine. Alle anderen waren gemästet und in O'Meara's Großschlachterei nach Limerick geschickt worden, und der Scheck, den wir für sie bekommen hatten, sollte uns über den Winter bringen. Zwei Schweine waren für den eigenen Bedarf geschlachtet worden und waren jetzt in Holzfässern im unteren Raum eingepökelt oder hingen an Fleischhaken von der Küchendecke. Der Schinken hing im Kamin, wo er für Weihnachten geräuchert wurde.

Der Hof brachte im Winter nur sehr wenig ein, aber da wir weitgehend von unseren eigenen Produkten lebten, brauchten wir nicht viel. Die Hühner taten uns ab und zu einen Gefallen, und ein paar von ihnen legten sogar während der kalten Jahreszeit Eier. Eine Kuh versorgte uns mit Milch, wir nannten sie die »Stripperin«. Sie war nicht trächtig und lieferte uns Milch in der Weihnachtszeit, während ihre trächtigen Schwestern Pause machten. Was wir aus ihr noch herausholten, die Restmilch, bezeichneten wir als »Strippings«, ein Begriff, den wir auch verwendeten für die erste Milch, die aus dem Euter gewöhnlicher Kühe gewonnen wurde. In beiden Fällen war es nur sehr wenig.

Als alle Tiere für den Winter im Stall untergebracht waren, war es an der Zeit, draußen im Hof alles für Weihnachten sauberzumachen. Martin wollte am Heiligen Abend nach Hause fahren, also verbrachten er und mein Bruder die letzten paar Tage vor Weihnachten damit, den Heuhof, den Vorplatz des Kuhstalls und die Gänge auszufegen. Es war eine Drecksarbeit, aber sie gehörte zum Weihnachtsputz dazu.

Als sie fertig waren, mußten wir die Mauern in Angriff nehmen. Zuerst wuschen wir sie mit Eimern voll Wasser ab und nahmen dann den Küchenbesen, um den schleimig grünen Belag abzuschrubben. Das Wasser war kalt, wie auch das Wetter an diesem Tag, und als wir mit der Arbeit fertig waren, sahen unsere Hände blau-rot gescheckt aus.

Als die Mauern trocken waren, mischten wir Kalk in einer großen Blechwanne, wo er schäumte und spritzte, wenn das heiße Wasser auf ihn traf. Meine Mutter warnte uns davor, Kalk in die Augen zu bekommen, aber trotzdem passierte es immer wieder. Irgendein Unglücklicher rannte dann in die Küche und schrie nach Wasser und einem Handtuch, um den Schaden wiedergutzumachen. Wir mußten darauf achten, daß die Tünche die richtige Konsistenz hatte. War sie zu dick, so kam man nur langsam voran; war sie zu dünn, so wurde der Hof von dem, was wegfloß, gleich mitgetüncht, was zu sehr spöttischen Bemerkungen von Leuten, die sich für Farbexperten hielten, führen konnte. Wenn die Mischung für richtig befunden wurde, gaben wir eine Spur Blau, das meine Mutter in einem Sack aufbewahrte, dazu. Hierbei mußten wir vorsichtig sein, da weiße Mauern gefordert waren, nicht blaue, aber ein kleiner Schuß Blau verlieh ihnen ein leuchtend weißes Aussehen.

Wir machten uns mit zwei großen Malerbürsten an die Arbeit und strichen alles an, was vor uns lag, sogar Teile der Hecke, die uns in den Weg kamen. Das Endergebnis war prachtvoll und hellte den ganzen dunklen Wintertag auf. Der Hühnerstall, der Torfschuppen und der Schweinestall bekamen alle etwas ab. Ihr grüngemasertes Aussehen verschwand, und sie leuchteten beinahe weißer als weiß.

Zwischen dem eigentlichen Hof und dem Garten war eine lange, niedrige Mauer, die von einer Hecke überwuchert war. Diese Mauer und die zwei kleinen Pfosten mußten mit Zement überstrichen werden. Diese Arbeit war weniger eindrucksvoll und entsprechend weniger beliebt, aber sie mußte dennoch erledigt werden. Das Gartentörchen sollten wir eigentlich nicht streichen, aber von der letzten Hausmesse war noch grüne Farbe in der Dose übrig. Also holten wir sie heimlich, und das Törchen wurde in wenigen Minuten leuchtend grün. Meine Mutter war dagegen, das

Törchen im Winter zu streichen. Warum, wurde uns klar, als mein Vater an dem Abend fluchend in die Küche kam und zwei grüne Hände hochhielt, damit alle sie bewundern konnten.

Das Himmelstor

Ich saß auf einem niedrigen Stuhl mit Strohsitz neben Mrs. Caseys Kamin und sah zu, wie sie ihren Weihnachtskuchen backte. Die Flammen ihres großen Torffeuers leckten an der Unterseite ihres schwarzen Eisenkessels, so daß Rauchfahnen den Schornstein hinaufzogen und das Topfgestell im Kamin fast verdeckten. Mrs. Casey schürte das Feuer für ihr letztes Weihnachtsbacken und wollte, daß es ruhig vor sich hinglühte und der Kessel daneben kochte, so daß sie den Tee machen konnte, ohne den Brottopf wegnehmen zu müssen, den sie bald anstelle des Kessels an den Haken übers Feuer hängen würde.

Unser Haus stand auf dem Hang eines Hügels und bot den Blick auf ein Tal; ein langer, gewundener Feldweg führte hinauf zur alten Straße oben, an der Mrs. Caseys Cottage lag. Mein Vater sagte immer, er gehe »hoch zur Straße«, wenn er Mrs. Casey besuchen wollte. Auf dem Rückweg von der Stadt gingen wir nie an ihrem Cottage vorbei, ohne bei ihr hineinzuschauen.

Ihre Kinder waren groß geworden und weggegangen; sie pflegte zu sagen: »Die Küken sind aus dem Nest fortgeflogen.« Doch sie mußte nicht unter einem völlig leeren Nest leiden, denn wir betrachteten sie als eine zweite Mutter, die immer zur Stelle war, um uns sowohl mit praktischen als auch mit philosophischen Ratschlägen weiterzuhelfen. Sie hatte mir die Frage beantwortet, wo die Babys herkamen; meine Mutter hatte mir nur eine eingeschränkte Erklärung gegeben, aber da ich nach jeder kleinen Einzelheit lechzte, war ich zu Mrs. Casey gegangen, und sie hatte mir eine vollständige, ungekürzte Fassung geboten.

Sie liebte Kinder und Männer und betrachtete Frauen als Schwestern beim Überlebenskampf und Kinderkriegen. »Eine verheiratete Frau sollte man mit Hochachtung behandeln«, sagte sie immer, »die hat sie sich verdient.« Sie beschäftigte sich mit den beiden großen Wahrheiten des Lebens – Geburt und Tod –, weil sie sowohl den Kindern auf die Welt half als auch die Toten aufbahrte. Sie war ein Eckpfeiler in unserem täglichen Leben und war allen nur als »Mrs. Casey« bekannt.

Ein kleines, knarrendes Törchen führte von der alten Straße auf den kurzen, schmalen Weg zu ihrem Cottage. Eine hohe Hecke wölbte sich über den Weg, und durch eine kleine Öffnung auf einer Seite konnte man in ihren üppigen Garten gehen, und ein hölzernes Tor auf der rechten Seite führte auf ihren Heuhof. Dieser war das reinste Bienenhaus, mit einem Stall für zwei Kühe, einem für das Pferd und einem Schuppen für die Hühner und

Enten. Auf Mrs. Caseys Küchenschrank stand im Sommer immer eine große weiße Emailleschüssel voller Eier. Wenn es draußen kälter wurde, nahm die Eierzufuhr ab, und Mrs. Casey mußte ihren Hühnern drohen und ihnen schmeicheln, damit sie weiter legten und ihren Beitrag zur Weihnachtsbäckerei leisteten.

Ihre üppige Gestalt verdeckte beinahe das Licht, das durch das kleine, tief in die Wand eingelassene Fenster über dem Tisch drang, wo sie damit beschäftigt war, Eier in eine weiße Schüssel zu schlagen. Der Tisch war groß und nahm die ganze Wand hinter der Tür ein, wenn man in ihre Küche kam. Der Küchenschrank stand an der gegenüberliegenden Wand, und das Ponygeschirr hing über dem offenen Kamin an der Giebelwand des Hauses. Sie hatte immer ein schönes Feuer, vor dem gewöhnlich ihr Hund Bran ausgestreckt lag, und ihr Mann Jack drehte eifrig den Blasebalg, so daß die Flammen hüpften. Heute jedoch war kein Jack zu sehen.

»Als er das Feuer zum Brennen gebracht hatte, hab ich ihn auf ein paar Gläser Bier in die Stadt geschickt, damit er mir nicht im Weg steht«, erklärte sie. Sie hatte ein lächelndes Gesicht mit zwei rosigen Wangen, und ihr weißes Haar war zu einem Knoten an ihrem Hinterkopf aufgesteckt. Wenn sie lachte – was sie häufig tat –, warf sie ihren Kopf zurück, und schallendes Gelächter erfüllte die Küche, während sich ihr kurzer, stämmiger Körper vor Ausgelassenheit schüttelte. Sie entsprach meiner Vorstellung davon, wie der Weihnachtsmann aussehen würde, wenn er eine Frau wäre; und sie hatte ein großes Herz, so daß sie für diese Aufgabe sehr geeignet gewesen wäre. Sie trug einen langen, schwarzen Rock, der ihr bis zu den Zehen reichte, und wenn sie in die Stadt ging, legte sie sich ein schwarzes Tuch um die Schultern.

Jetzt hing das Tuch an einem Haken auf der Rückseite der Tür. Sie hatte eine dunkelrote Bluse an, deren Ärmel hochgekrempelt waren, und ihre kräftigen Arme steckten tief im Teig. Über den Tisch verstreut waren Zuckerschälchen, geschlagene Eier, Sahne und Muskatellerrosinen aus Neds Laden. Mrs. Casey arbeitete nach Gefühl und warf immer wieder eine Handvoll der verschiedenen Zutaten in die Rührschüssel aus Blech. Auf dem Fensterbrett stand ein überflüssiges Kochbuch, das schon vor Jahren seinen Einband verloren hatte und mit Eigelb- und Butterflecken verziert war. Es wurde von einer Flasche Porter aufrecht gehalten, aber nie zu Rate gezogen, denn die Autorin, Mrs. Beaton, war nur der Schutzengel der Weihnachtsbäckerei.

Als Mrs. Casey den Kuchenteig fast fertig hatte, nahm sie den Wasserkessel vom Haken und hängte den schwarzen Brottopf an seine Stelle. Dabei kippte sie den Topf leicht nach vorne und streute etwas Mehl auf den Boden. Dann nahm sie den Kuchenteig in ihre ausgestreckten Hände, legte ihn in den Brottopf und schnitt ein Kreuz hinein. Schließlich schloß sie den Deckel und bedeckte ihn mit Kohlen.

»Jetzt«, sagte sie zufrieden, »haben wir uns eine Tasse Tee verdient.« Sie räumte eine kleine Ecke des Tischs leer, und wir setzten uns dorthin, um Tee zu trinken und etwas von ihrem krümeligen braunen Brot zu essen. Beim Essen unterhielten wir uns, und ich erzählte ihr, daß Nells Shep Welpen bekommen hatte und daß Nell böse auf Dan war, weil sie seinem Mischling Prince die Schuld an dem unerwarteten Nachwuchs gab.

»Wenn je ein Hund einen unpassenden Namen gehabt hat, dann ist das Prince; aber Dan ist ja auch ein alter Gauner«, sagte sie nachsichtig.

»Nell findet, er ist ein richtiger Rüpel.«

»Ach, Nell«, sagte sie philosophisch, »deren Mutter hatte zuviel Galle in ihrer Milch.«

Das war mir ein bißchen zu hoch, also ließ ich das Thema fallen und fragte statt dessen: »Mrs. Casey, lieben Sie Weihnachten?«

»Ja, weißt du«, sagte sie nachdenklich, »Weihnachten kann auch eine traurige Zeit sein. Für uns Ältere ist es eine Zeit, in der man sich an früher erinnert. Wir denken an die Menschen, die von uns gegangen sind.«

»Oh, daran hab ich noch nie gedacht«, sagte ich überrascht.

»Ja, so ist die Jugend«, antwortete sie, »man fängt erst dann an, über die Schulter zurückzublikken, wenn man etwas hat, auf das man zurückblikken kann, und zur Weihnachtszeit denke ich oft an vergangene Weihnachtsfeste und an Menschen, die wie sie nicht mehr sind.«

»An wen denn?« fragte ich.

»Nun, ich glaube, diejenigen, die im vergangenen Jahr von uns gegangen sind, sind einem Weihnachten besonders nah, und dann sind da noch die Menschen, die uns in früheren Jahren verlassen haben – man blickt zurück und denkt auch an sie. Ich denke auch immer an Richard Brown, der ganz hier in der Nähe gewohnt hat: Er war schon seit langer Zeit krank, und als ich in der Weihnachtsnacht hinausging, um die Tür vom Hühnerstall zu schließen, blickte ich zum Himmel hinauf und sah einen Stern herabfallen. Da wußte ich, daß er im Himmel war und daß sie mich holen würden, und tatsächlich war sein Sohn eine Stunde später hier.«

»Ich denke auch immer an deine eigene Großmutter«, fuhr sie, mit dem Kopf nickend, fort, »die alte Mrs. Taylor. Sie ist auch in der Weihnachtsnacht gestorben.«

»Oh«, sagte ich schaudernd, »ich würde nicht gern in der Weihnachtsnacht sterben.«

»Es ist eine gute Zeit zum Sterben«, lächelte sie, »man sagt, daß das Himmelstor in der Weihnachtsnacht offen steht.«

»Das hab ich nicht gewußt«, sagte ich erstaunt.

»So ist es aber«, sagte sie, »also ist deine Großmutter in einer Heiligen Nacht gestorben, genau wie dein Onkel Barry, der ein paar Jahre vor ihr in Boston gestorben ist. Er war der älteste Sohn und wanderte aus, als er noch sehr jung war, und er kam nie wieder nach Hause – das taten die Menschen damals nicht, weißt du.«

»Oh, das muß aber furchtbar traurig gewesen sein«, sagte ich.

»Nun, das Leben war damals eben so«, sagte Mrs. Casey ruhig, »aber Barry hat nie den Kontakt abbrechen lassen, und er hat sich um viele Nachbarskinder gekümmert, die auch auswandern mußten, denn man konnte nicht fortgehen, ohne dort jemanden zu haben, der für einen bürgte. Er kümmerte sich um eine Tochter der Lanes hier aus der Nachbarschaft, und sie pflegte ihn dann, als er starb. Er war noch ein junger Mann, als er starb. Hat dir dein Vater je von der Weihnachtsnacht erzählt, in der er gestorben ist?« fragte sie.

»Nein«, antwortete ich und ließ sie nicht aus den Augen.

»Nun, es war eine sonderbare Nacht, wirklich. Die Tochter der Lanes, die deinen Onkel Barry in Boston pflegte, verließ sein Zimmer und ging nach unten, um etwas zu essen, während er ruhig schlief. Als sie wieder hochkam, legte er sich gerade wieder ins Bett, worüber sie staunte, weil er zu der Zeit sehr schwach war, und er sagte zu ihr: ›Ich war auf einer langen, langen Reise.‹ Nun, in derselben Nacht schliefen drüben in eurem Haus dein Vater und dein Onkel Bill oben im Dachgeschoß – sie waren damals noch junge Burschen. Mitten in der Nacht wurde dein Onkel Bill von irgend etwas geweckt, und am Fußende des Betts stand ein kleiner, dunkelhaariger Mann mit einem Bart. Die Haare standen deinem Onkel Bill zu Berge, und er schüttelte deinen Vater, der mit ihm im Bett lag, aber als dein Vater aufwachte, war niemand da. Am nächsten Morgen erzählte Bill seiner Mutter davon, wenn auch dein Vater ihm einzureden versuchte, er habe es nur geträumt. Aber sie fragte ihn, wie der Mann ausgesehen habe. ›Das war Barry‹, sagte sie. ›Die Beschreibung paßt genau auf ihn.‹«

»Aber warum hat ihn Onkel Bill nicht erkannt?«

»Nun, damals war der Älteste oft schon fortgegangen, wenn der Jüngste noch ein kleines Kind war, und das war der Fall bei Bill und Barry. Aber ich begegnete kurz darauf deiner Großmutter, die sich Sorgen machte: ›Drüben stimmt etwas nicht‹, sagte sie zu mir. Sie hatte recht. Kurze Zeit später bekamen sie einen Brief, in dem stand, daß er tot war, und als die Tochter der Lanes in dem Sommer nach Hause kam, setzten sie die Geschichte Stück für Stück zusammen.«

Als Mrs. Casey ihre Geschichte zu Ende erzählt hatte, schwiegen wir eine Weile. Ich fragte mich, warum uns mein Vater nie von Onkel Barry erzählt hatte. Er hatte uns gesagt, daß seine Mutter in einer Weihnachtsnacht gestorben war, und manchmal saß er inmitten all des Trubels am Heiligen Abend ganz still da, rauchte seine Pfeife und blickte ins Feuer. Jetzt, nachdem ich Mrs. Caseys Geschichte gehört hatte, wußte ich, daß diese Nacht viele Erinnerungen für ihn barg.

»Ich bin froh, daß Sie mir diese Geschichte erzählt haben«, sagte ich.

»Das ist gut«, sagte sie und stand vom Stuhl auf. »Man sollte Kindern diese Dinge sagen. Jetzt schauen wir besser mal nach dem Kuchen, nachher ist er schon längst gar.«

Als ich später im Dämmerlicht des Abends den Feldweg hinunterging, dachte ich daran, was Mrs. Casey gesagt hatte, und ich blickte hinauf zum Himmel, um zu sehen, ob ein Stern herunterfallen würde. Mrs. Casey war eine gläubige Frau, deren Glaube tief in der Erde und in den Menschen ihrer

Umgebung verwurzelt war. Was sie mir erzählt hatte, schien den Himmel und die Erde näher zusammenzurücken. Die Menschen, die über die Jahre in unserem Haus gelebt hatten, gehörten zu unserem Weihnachtsfest, und mir gefiel ihr Glaube, daß das Himmelstor in der Weihnachtsnacht offen sei, wenn ich auch nicht das Verlangen hatte, ihre Theorie zu überprüfen.

Unser Weihnachtsbesucher

Als Dan nach dem Dreschen überstürzt fortging, nachdem er einen Streit mit Bill vom Zaun gebrochen hatte, sagte er meinem Vater zum Abschied: »Boß, ich bin Weihnachten zurück, wenn ich nicht tot oder im Gefängnis bin. An beiden Orten hätt' ich 'n Dach überm Kopf, aber wenn das nicht klappt, komm ich hierhin zurück.« Er blieb nie lange bei uns, weil er bald rastlos wurde und wieder losziehen wollte. Aber er ging nicht ruhig und friedlich, denn er machte nichts ruhig und friedlich. Er brach mit irgendwem, der gerade in der Nähe war, einen Streit vom Zaun und haute eingeschnappt ab, nachdem er von meiner Mutter noch ein sauberes Hemd verlangt hatte. Sie machte sich Sorgen, ob er auch gut genug auf sich aufpaßte, und wenn er bei uns wohnte, versuchte sie ihn immer zu mästen, aber Nell sagte ihr, das sei Zeitverschwendung.

»Auf die Rippen von dem Kerl«, sagte Nell, »kriegst du kein Fett: In dem steckt zuviel Gift drin, das läßt das Fett wegschmelzen.« Er und Nell hatten nicht gerade viel füreinander übrig.

Aber mit meiner Mutter verstand sich Dan gut, auch wenn er das genaue Gegenteil von ihr war:

Sie war stets gelassen und in Frieden mit sich und der Welt, während Dan wie Stacheldraht war und sich mit sich selbst stritt, wenn sonst niemand da war. Einmal sagte er anerkennend zu ihr: »Gute Frau, man muß ein Heiliger sein, um in diesem Haus zu wohnen.« Doch dann fügte er hinzu – denn es war immer gesalzen, was Dan am Ende von sich gab: »Aber zwischen einem Heiligen und einem Narren gibt's ja auch kaum 'nen Unterschied.« Trotz dieses Ausspruchs nahm sie ihn immer in Schutz, wenn er alle anderen im Haus gegen sich aufgebracht hatte.

An jenem Weihnachtsabend zeigte uns Bill die verschiedenen Himmelskörper, und wir blickten alle nach oben und hielten nach einem besonders hellen Stern Ausschau, der der Weihnachtsstern hätte sein können. Während wir alle in einem Kreis um Bill herumstanden und nach oben sahen, hörten wir ein krächzendes Husten. Dans rauhe Stimme ertönte im Halbdunkel und brach in unsere stille Welt ein.

»Was zum Teufel macht ihr da? Ihr guckt ja in den Himmel, als hättet ihr sie nicht mehr alle!« sagte er, und ohne uns Zeit zum Antworten zu lassen, fuhr er ganz voller Sarkasmus fort: »Bill, du willst doch nicht etwa in den Himmel auffahren? Da hast du dich aber in der Jahreszeit vertan: Wir haben Weihnachten und nicht Ostern.«

»Hallo, Dan, wie geht's?« begrüßte ihn Bill und nahm keine Notiz von Dans Stichelei. »Du kommst, um Weihnachten hier zu verbringen.«

»Wozu sollte ich sonst herkommen: vielleicht, um Heu zu machen?« fragte Dan.

Plötzlich stürmte Dans Hund über den Hof und fing eine Rauferei mit einigen unserer Hunde an. »Komm zurück, du Dummkopf!« rief Dan. »Begreifst du denn nie, daß man die Stärke des Gegners abschätzen muß, bevor man angreift?«

»Was meinst du wohl, von wem er das hat?« fragte Bill unschuldig.

Aber bevor Dan antworten konnte, platzte ich mit der frohen Botschaft dazwischen: »Dan! Dan!« rief ich. »Prince ist Vater geworden. Nells Shep hat Welpen von ihm bekommen!«

»Teufel noch mal«, sagte Dan, »der kann ja Wunder vollbringen, was?«

»Nell ist deswegen ganz böse«, tadelte ich ihn.

Dan warf seinen Kopf in den Nacken und lachte laut los: »Haha, die alte Ziege«, rief er, »es schadet gar nichts, sie mal 'n bißchen aus dem Häuschen zu bringen!«

»Du bist ja ganz durchdrungen vom weihnachtlichen Frieden«, sagte Bill.

»Haha, ich scheiß auf Weihnachten«, erklärte Dan.

»Nell kann Weihnachten auch nicht leiden«, sagte ich ihm.

»Es ist 'ne Schande, daß ihr gleich in zwei Häusern die Stimmung verderben müßt«, sagte Bill zu Dan, »du solltest über Weihnachten bei ihr wohnen, dann könntet ihr euch beide um die Welpen kümmern.«

»Du willst zu Weihnachten wohl 'ne gebrochene Nase haben?« forderte Dan ihn heraus und ballte seine Fäuste vor Bills Gesicht. Bill war über einsachtzig groß und wog etwa hundert Kilo, während Dan kaum einssechzig und spindeldürr war. Er sah aus wie ein angriffslustiger Terrier, der auf eine friedliche Dogge losgeht. Wir umringten Bill und schubsten Dan weg. In dem Augenblick kam mein Vater um die Hausecke.

»Na, Dan«, sagte er, »du bist also weder ins Grab noch ins Gefängnis gekommen.«

»Nein«, antwortete Dan, »und deshalb blieb mir nichts anderes übrig, als hierherzukommen, aber ich fang schon an, das zu bereuen.«

»Haben sie dich geärgert?« fragte mein Vater voller Anteilnahme, was uns sehr ärgerte. Wie immer hatte Dan den Streit vom Zaun gebrochen, aber mein Vater mochte ihn sehr gern, auch wenn er launisch und reizbar war.

»Dieser Weihnachtsmann hier«, sagte Dan und zeigte auf Bill, »und all diese Kinder machen mich noch wahnsinnig, bevor Weihnachten überhaupt angefangen hat.«

»Komm rein und wärm dich am Kamin ein bißchen auf. Es gibt bald Abendessen«, sagte mein Vater, und beide verschwanden in der Küche. Auch wenn er so stachelig wie ein Stechpalmendorn war, freuten wir uns doch, daß Dan gekommen war, denn er gehörte – genau wie der Stechpalmendorn – zu unserem Weihnachtsfest dazu.

Nachdem Dan und mein Vater in die Küche gegangen waren, fuhren Bill und wir Kinder mit unserem Studium des Abendhimmels fort. Es war ein klarer, heller Abend, und der Zauber des Weihnachtsfestes lag spürbar in der stillen Landschaft unter den Sternen. Danach begleiteten wir Bill nach Hause: über den Hof, durch das Gehölz und »hinten über das Mäuerchen«, wie wir sagten. Dann setzte ich mich dorthin und wartete auf Johnny, den Briefträger.

Weihnachtskarten

Johnny kam an diesem Tag später als gewöhnlich, aber am Heiligen Abend kam er immer spät. Ich saß auf dem Steinmäuerchen neben dem Haus und hielt Ausschau, ob seine dunkelblaue Mütze auf den Feldern auftauchte. Zwischen den Steinen des Mäuerchens steckte ein eisernes Trittbrett. Ursprünglich war es Teil einer alten Ponykutsche gewesen, und mein Großvater hatte es zwischen den Steinen vergraben, als er das Mäuerchen gebaut hatte. Das Trittbrett bot einen festen Halt für die Füße und einen bequemen Sitzplatz, und weil es durch Bäume geschützt war, die neben der Mauer wuchsen, war es ganz trocken.

Als ich so dort saß, betrachtete ich die Umrisse der Bäume in dem alten Fort hinter dem Haus. Sie standen über dem rauschenden Bach zu ihren Füßen bewegungslos da und waren wie hohe, dunkle Schatten, die ruhig warteten. Vielleicht, dachte ich, warteten sie auf den Schnee, und ich hoffte, sie müßten nicht vergeblich warten, denn ich wünschte mir, daß der Schnee das stille Tal erfüllen und die Gegend zu einem funkelnden Feenland machen würde.

Währenddessen wartete ich auf Johnny: Er würde vom nächsten Hof das Tal heraufkommen, aber da das letzte Tageslicht erloschen war, konnte ich nicht so weit sehen. Eine dünne Schicht Reif lag wie weiße Daunen auf der Schlehdornhecke, die das Grenzmäuerchen überwucherte. Ich wußte, daß Johnny bald durch eine Lücke in dieser Hecke kommen würde, um die letzten Weihnachtskarten zu bringen.

Die erste Karte war schon Anfang Dezember gekommen, noch bevor unsere Schulferien überhaupt angefangen hatten. Sie war in einem großen Umschlag mit einem Luftpostaufkleber und bunten Briefmarken den weiten Weg aus New York gekommen. Mein Vater hatte Johnny draußen auf den Feldern getroffen. Inmitten des Abendessens zog er die Karte aus seiner Tasche.

»Die muß von Kate sein«, sagte er geringschätzig und warf die Karte mitten auf den Tisch, »niemand sonst ist so verrückt, Weihnachtskarten zu verschicken, wo wir grad erst mit dem Dreschen fertig sind.«

Manchmal hatte mein Vater keinen Sinn für ein großes Ereignis – wir dafür aber um so mehr! Wir stürzten uns auf den Umschlag und balgten uns um ihn, so daß meine Mutter eingreifen mußte, um zu entscheiden, wer den Umschlag von Tante Kate aufmachen durfte. Mir wurde die Ehre zuteil, weil ich ihn gerade in der Hand hatte.

Ich legte den großen Umschlag auf den Tisch, um den Knick zu glätten, der durch die Tasche meines Vaters entstanden war. Als meine Hand die Wölbung glattstrich, spürte ich, wie die steife Karte in dem Umschlag dem Druck widerstand: Es war keine leichte, dünne Karte, sondern ein gutes, solides Exemplar – ein bißchen wie Tante Kate selbst, dachte ich. Die Karte im Umschlag ließ sich nicht glätten, also löste ich vorsichtig die gummierte, gebogene Vorderseite ab, damit der Inhalt nicht beschädigt wurde. Es lohnte sich bestimmt, darauf achtzugeben, und als ich endlich die große, rote Karte mit dem Weihnachtsmann herauszog, verschlug es uns vor Bewunderung den Atem.

Als ich ihn sorgsam aus seinem engen Behältnis holte, hörte man, wie der Reif vorne auf seinem dicken Bauch gegen den Umschlag kratzte. Ich bekam etwas von dem Glitzerzeug auf die Fingerspitzen und wedelte damit herum, weil ich von dem Funkeln fasziniert war. Der Weihnachtsmann war eine Schönheit, und als er mitten auf unserem Küchentisch stand, brachte er die Wärme und Fröhlichkeit von Tante Kate in ihr altes Zuhause. Sie selbst kam nicht mehr oft nach Hause, aber wenn sie es tat, brachte sie uns große Schachteln mit leuchtend bunten, leichten amerikanischen Kleidern mit und erfüllte das Haus mit ihrem Parfum und ihrem Lachen. Sie schrieb uns nie während des Jahres, aber zu Weihnachten kam ihre große, bunte Karte immer als erste an, in der ein seitenlanger Brief in ihrer ausladenden, extravaganten Handschrift lag. Sie war unsere Lieblingstante, und ihre Weihnachtskarte war die jährliche Verbindung zwischen ihr und uns.

Nach der Karte von Tante Kate erreichten uns eine Zeitlang keine weiteren, und deshalb holten wir jeden Tag ihren Santa Claus hervor und bewunderten ihn; er bot uns die Gewißheit, daß Weihnachten wirklich kommen würde.

Als nächstes kamen die Kalender vom Heiligen Franziskus und vom Heiligen Martin mit einer bunten Mischung von Heiligenbildchen. Wenn sie auch besser als nichts waren, so waren sie doch nicht so ganz das Wahre und lösten keine große Aufregung aus. Wir erhielten sie von Bruder Matthew, einem Neffen meines Vaters, der ein Franziskanermönch war und uns jedes Jahr im Sommer besuchte. Aus seinem langen, wallenden Habit zog er dann Heiligenbildchen, Medaillen, Rosenkränze und manchmal auch Süßigkeiten hervor. Er war stets vergnügt und lächelte viel, und ich dachte manchmal, daß seine wallenden Gewänder wie ein Klappschrank waren, weil sie soviel enthielten.

Als nächstes kam eine Karte von einem Cousin meines Vaters aus London. Er war Polizist, und auf seiner Karte war eine Radierung eines langweiligen, grauen Gebäudes. Er hatte nur kurz geschrieben: »Alles Gute – Doris und Jim.« In unserer Gegend gab es niemanden, die Doris hieß, und ich hatte den Namen bisher nur bei der BBC gehört. Während ich ihre Weihnachtskarte betrachtete, versuchte ich mir vorzustellen, wie Doris wohl aussehen mochte. Hoffentlich war sie nicht so grau und langweilig wie ihre Karte, aber vielleicht hatte sie ja auch unser Onkel Jim ausgesucht, obwohl das, wenn er auch nur ein bißchen wie mein Vater war, sehr unwahrscheinlich schien.

Meine Mutter kaufte die Weihnachtskarten sowohl für die Verwandten meines Vaters als auch für ihre eigenen. Sie suchte sie mit viel Liebe aus und gab sich große Mühe, für jeden Empfänger einen passenden Spruch zu finden. Aber als sie einer alten Tante, deren Lieblingsthema die lange Liste ihrer Krankheiten war, eine Karte schickte, auf der von fröhlicher, festlicher Stimmung die Rede war, fand ich, daß sie die Kraft des weihnachtlichen Geistes überschätzte.

In die meisten ihrer Karten legte sie einen Brief. In den Wochen vor den Festtagen verbrachte sie viele Abende damit, beim Licht der Öllampe am Küchentisch Briefe zu schreiben – oft bis in den frühen Morgen. Zu dieser Zeit des Jahres dachte sie ganz besonders an die Familienmitglieder der vorherigen Generationen, die unser Haus verlassen hatten und nun über die ganze Welt verstreut waren. Weil sie die Frau war, die in den Hof der Familie eingeheiratet hatte, hielt sie es für ihre Aufgabe, ihnen Grüße aus ihrem alten Zuhause zu schicken. Sie sprach immer von »den Leuten weit weg« und davon, wie wichtig es war, an sie zu denken und mit ihnen in Verbindung zu bleiben. Wenn einige von ihnen in den Sommerferien nach Hause kamen, erzählten sie ihr, daß sie Weihnachten an zu Hause dachten und es gerne hatten, wenn man zu der Zeit auch an sie dachte.

Für andere war die Karte sogar noch wichtiger: Sie war ihre einzige Verbindung, weil sie es nie mehr bis nach Hause schafften. Ich stellte mir die Weihnachtskarten meiner Mutter als Boten vor, die auf ihren Schwingen zu verstreuten Familienmitgliedern flogen – aus dem Nest, aus dem sie oder ihre Eltern fortgeflogen waren. Meine Mutter war das warme Glühen im Herzen unseres Weihnachtsfestes, aber ihre Wärme reichte weit über unser Haus hinaus.

Manchmal bekam sie von jemandem keine Weihnachtskarte. Dann machte sie sich Sorgen, ob bei ihm alles in Ordnung war, und freute sich, wenn im nächsten Jahr wieder eine Karte von ihm kam. Aber sie verschickte jedes Jahr ihre Karten, denn sie war der Meinung, daß die Leute in der Ferne sie nötiger hatten als die, die zu Hause geblieben waren.

Je näher das Weihnachtsfest rückte, um so dikker wurde das Bündel Karten, das Johnny aus seiner Tasche zog, und wir waren alle erpicht darauf, ihm zu begegnen. Er war ein kleiner, dünner Mann mit einem kirschfarbenen Gesicht, und sein großer Postsack unter seinem Arm, den er trug, reichte fast bis zu seinem Knie. Wenn er seinen Kopf auf die Seite legte, um in die aufregenden Tiefen des Postsacks zu spähen, erinnerte er mich irgendwie an eine unserer Hennen, die ihren Kopf unter den Flügel steckte, um einzuschlafen. Aber ans Schlafen dachte Johnny ganz bestimmt nicht. Er hatte seine Briefe sehr gut sortiert, zog sie aus seiner Tasche und wedelte mit ihnen über unseren Köpfen herum, so daß wir hüpfen mußten, um sie zu schnappen.

Mit der Zeit wurde die Weihnachtspost immer mehr und Johnnys Tag immer länger, und am Heiligen Abend war es schon dunkel, bevor er zu unserem Haus kam. Inzwischen waren die meisten Karten angekommen. Wir hatten sie an Schnüren im Haus aufgereiht oder an den Weihnachtsbaum gehängt. Da sich die Liste der Kartenschreiber von Jahr zu Jahr kaum änderte, wußte ich, wessen Karten noch ausstanden. Eine von ihnen war die von Onkel Dan aus Oregon, der jedes Jahr eine große Karte mit Rotkehlchen oder Rentieren schickte. Seine Karte war die zweitbeste nach der von Tante Kate, doch während ihre immer sehr früh ankam, schickte er seine immer sehr spät, und ich machte mir Sorgen, ob sie uns noch rechtzeitig erreichen würde. Ohne Onkel Dans Karte oben auf dem Baum neben der von Tante Kate würde Weihnachten nicht ganz so sein, wie es sein sollte.

Also wartete ich auf Johnny und dachte an Onkel Dan, der mit achtzehn Jahren dieses Haus verlassen hatte, um in Oregon Schafe zu züchten, und nie mehr nach Hause zurückgekommen war. Jedes Jahr schrieb ihm meine Mutter zu Weihnachten und berichtete ihm alle Neuigkeiten, und jedes Jahr schickte er seine wunderschöne Weihnachtskarte. Es war seltsam, aber solange seine Karte am Baum hing, schien er Weihnachten irgendwie bei uns zu sein. Seine Karte war die einzige, über die sich mein Vater wirklich freute. Wenn sie da war, lächelte er, und ich wußte, daß er das Weihnachtsfest jetzt genießen konnte.

Endlich kam ein schwarzer Schatten, der sich als Johnny erwies, durch den schlammigen Durchgang neben dem Fort. Als er näherkam, sah ich, daß ihm der Geist der Weihnachtszeit, den ihm die Leute gegeben hatten, um das Fest der Liebe zu feiern, ein bißchen zu Kopf gestiegen war – sein Gleichgewicht war nicht ganz so, wie es sein sollte. Trotzdem hielt er unser Bündel schon bereit. Während ich ihm in die Küche folgte, zog ich die derbe Schnur von den Karten. Ich seufzte erleichtert auf, als ich den großen Umschlag mit der amerikanischen Briefmarke sah: Onkel Dan hatte es rechtzeitig geschafft. Aber Johnny hatte noch eine Überraschung in seiner Tasche: Sehr zu unserer Verwunderung steckte er seine Hand hinein und holte ein Paket heraus. Nur ganz selten bekamen wir irgendein Paket, und wenn es so war, löste es immer große Aufregung aus, selbst wenn es nur ein paar Fliegen für die Angel meines Vaters waren. Doch ein Paket am Heiligen Abend konnte nur eins bedeuten: ein Geschenk! Wir bekamen allerdings nie Weihnachtsgeschenke mit der Post. Natürlich kam der Weihnachtsmann, aber in Pakete eingepackte Geschenke kannten wir nicht. Jetzt standen wir mit offenem Mund um Johnny herum.

»Wollt ihr es nicht?« sagte er und tat so, als wolle er es in seine Tasche zurückstecken. Vier Paar Hände schossen hoch, um ihm das Paket zu entreißen, aber er reichte es über unsere Köpfe hinweg meiner Mutter und ging zur Tür hinaus. Wie verblüfft meine Mutter war, sah man schon daran, daß sie ihn gehen ließ, ohne ihm eine Tasse Tee anzubieten.

»Soll ich es aufmachen?« fragte sie keinen bestimmten.

»Ach was, laß es sein«, sagte mein Vater, »es will doch sowieso niemand wissen, was drin ist.«

Seine bissige Bemerkung brachte sie wieder zur Besinnung, und sie blickte herab auf all die gespannten Gesichter, die sie begierig anstarrten. Sie brachte das Paket zum Küchentisch und legte es behutsam in die Mitte. Wir standen alle um den Tisch herum und betrachteten das Paket.

»Also«, fragte mein Vater, »wollen wir es aufmachen, oder wollen wir erst raten, was wohl drin sein mag?«

»Von wem kann es nur sein?« sagte meine Mutter verwirrt.

»Wenn jemand es aufmachen würde, würden wir's rausfinden«, antwortete mein Vater.

»Ob es vielleicht von Kate ist?« fragte meine Mutter mehr sich selbst als uns.

»Ja, die würde so was glatt machen«, sagte mein Vater in einem Tonfall, der andeutete, daß sie zu allem fähig sei.

Inzwischen wurden wir alle unruhig und begannen gegen das Paket zu stoßen und zu knuffen, um herauszufinden, was darin sein könnte. Es war ziemlich hart, und so überlegte ich, daß unter dem Packpapier eine Blechdose sein müßte.

»Machst du endlich das verdammte Ding auf, bevor sie's ganz auseinandergerissen haben?« riet mein Vater meiner Mutter.

Behutsam entfernte sie das Papier und gab dabei acht, die Briefmarken nicht zu beschädigen. Wir konnten die Spannung kaum noch aushalten, und während sie das Paket langsam und vorsichtig öffnete, hüpften wir ungeduldig um den Tisch herum.

Endlich war es ausgepackt, und eine rote Kiste, die keine Öffnung zu haben schien, kam zum Vorschein. Meine Mutter tastete die Kiste ab, um das Problem zu lösen, wobei sie offenbar eine Feder berührte, da plötzlich der Deckel nach oben schoß und ein kleines Männchen heraussauste. Es hatte einen gelben Hut, ein schwarzes Gesicht und eine rote Jacke über einem weißen Hemd und einer schwarzen Fliege, und es tanzte vor lauter Freude darüber, daß es endlich frei war, auf und ab.

»Ein Schachtelteufel!« riefen wir alle begeistert.

»Genau das, was wir brauchen«, erklärte mein Vater, »wo ich doch schon sechs davon hab.« Er ermahnte uns ständig, stillzusitzen und nicht wie Schachtelteufel herumzuhampeln, und weil wir noch nie einen gesehen hatten, hatte Tante Kate beschlossen, uns einen echten zu schicken. Wir waren begeistert.

»Niemand außer Kate würde so was Beklopptes um die halbe Welt schicken«, sagte mein Vater kopfschüttelnd.

Als ich später zu den Karten am Weihnachtsbaum hinaufsah und an Onkel Dan draußen unter den Sternen auf der Prärie von Oregon und an Tante Kate in New York dachte, hatte ich das Gefühl, daß sie an diesem Abend irgendwie bei uns waren.

Der Heilige Abend

Das Entzünden der Weihnachtskerze am Heiligen Abend zeigte das Ende des Tages und den Beginn der Nacht an. Aber vorher mußte noch der Hof versorgt werden.

Mein Vater ging in die Scheune und band eine Schnur um ein Bündel Heu – soviel, wie er tragen konnte. Er hievte es sich auf den Rücken, taumelte erst ein bißchen unter der Last, bis er sein Gleichgewicht wiederhatte, und schob es dann mit einem Ruck nach oben, so daß es auf seinem Hinterkopf und seinen Schultern saß. Es war gut gesichert durch die Schnur über seiner Schulter, die er mit einer Hand fest heruntergezogen und sich um die andere Hand gewickelt hatte. Er ging langsam unter seiner unhandlichen Last, setzte die Füße bei jedem Schritt vorsichtig auf, während seine schweren, genagelten Stiefel auf dem Steinboden des Heuhofs klapperten. Er wurde schneller, als er auf die Wiese mit dem weichen Boden unter den Füßen und dem Hügel in seinem Rücken kam. Wenn man ihn beobachtete, wie er im Dämmerlicht des Abends die Wiesen hinunterging, sah er wie ein wandelnder Heuhaufen aus, da man nichts als seine in Stiefeln steckenden Beine unter der Last sah.

Die Schafe, die sich unter der Hecke auf der unteren Weide zusammendrängten, blökten einen Willkommensgruß. Sie waren die einzigen Tiere des Hofs, die Weihnachten draußen auf der Weide verbringen würden; genau wie die Schafe beim allerersten Weihnachtsfest waren sie draußen unter den Sternen, die jetzt am dunkel werdenden Himmel zu funkeln begannen.

Es war unsere Aufgabe, die Hühner einzusperren, die es sich hoch oben auf den Stangen im Hühnerstall gemütlich gemacht hatten; manche hatten sich schon zum Schlafen zurückgezogen und den Kopf unter die Flügel gesteckt. Wir schoben den Riegel vor die verzinkte Tür für den Fall, daß sich Reineke Fuchs in der Nacht ein verfrühtes Weihnachtsessen holen wollte. Nur der Ganter und seine Frau schnatterten im Schuppen mit dem rostigen Dach in der Ecke des Heuhofs. Ihre Arbeit für dieses Jahr war getan, und sie entspannten sich, bevor alles wieder von vorne losging. Ebenso wie die anderen Tiere ruhten sie sich aus. Im Stall käuten ein paar Kühe wieder, anderen hingen Heuhalme aus den weichen Mäulern, während ihre großen, feuchten Augen gelassen ins Leere schauten. Der Stall war erfüllt von ihrem gasigen Rindergeruch, und ihre Körperwärme hatte der kalten Nachtluft die Schärfe genommen. Sie zeigten keinerlei Reaktion, als wir die Tür öffneten und zwischen ihnen umhergingen; nur ein paar wandten den Kopf und sahen uns mit großen, vertrauensvollen Augen an. Nur die Pferde wurden unruhig und blickten uns fragend an, als wir ihre Stalltür öffneten. Ihre neugierigen Köpfe neigten sich uns zu, und ihre Hinterbeine stampften auf dem Kopfsteinpflasterboden auf. Spinnweben schmückten die hohen Dachbalken über ihren Köpfen, ihr Geschirr hing an der Wand neben ihnen, und es roch hier drinnen nach Pferdeschweiß und Leder. Eine Krippe im Stall war leer, und ich stellte mir vor, Maria und Josef würden spät in der Nacht hierher kommen und das Kind würde hier geboren. Es war zwar kein Esel da, aber das Maultier genügte wohl auch – dennoch war ich froh, daß es angebunden war, weil kein Baby neben ihm sicher sein würde.

Als wir ins Haus zurückkehrten, ging der Mond am Horizont über den Bergen von Kerry auf und stieg am dunkelblauen Himmel empor. Unten am Fluß konnten wir gerade noch die Schafe in der Ecke der Weide ausmachen. Als wir am Küchenfenster vorbeikamen, überstrahlten die tanzenden Flammen des flackernden Feuers den weichen, gelben Schein der Öllampe. Wir waren froh, aus der Kälte hereinzukommen, und stellten uns mit dem Rücken vor das Feuer, wobei wir unsere langen Röcke hochrafften, um unsere kalten Hinterteile zu wärmen.

Wir deckten den Tisch besonders liebevoll, weil heute abend Dinge darauf stehen würden, die wir seit dem letzten Weihnachtsfest nicht mehr gesehen hatten. Nur zu Weihnachten und wenn wir Besuch hatten, benutzten wir eine Tischdecke. Es war eine lange, weiße mit einer gelben Borte. Meine Mutter hatte sie als Hochzeitsgeschenk von einer Lieblingstante bekommen.

Frances hatte die letzten paar Monate einen Kochkurs in der Stadt besucht, und eines der Ergebnisse ihrer Studien war ein Weihnachtskuchen mit Zuckerguß. Sie war am vergangenen Nachmittag damit nach Hause gekommen, und wir waren sprachlos vor Bewunderung, als wir ihn sahen. Jetzt bekam der Kuchen einen Ehrenplatz in der Mitte des Tischs, umgeben von Kümmelkuchen – dem Lieblingskuchen meines Vaters –, Rosinenkuchen und Biskuitrolle. Die Vorfreude, die einen erfaßte, wenn man all diese Köstlichkeiten auf dem Tisch sah, verlockte einen zum Vorkosten, aber das war von der Kuchenbäckerin aufs strengste verboten.

Mein Bruder war der selbsternannte Toaströster, da er stets meinte, Toast gehöre zum Essen am Heiligen Abend dazu. Im rotglühenden Feuer wurde das Brot goldbraun. Mein Bruder strich großzügig Butter darauf, und der Duft von Toast erfüllte die Küche. Als zwei Stapel Toast, die vor Butter trieften, gegeneinandergestützt auf dem großen Teller vor dem Kamin standen, konnten wir mit dem Abendessen anfangen. Aber zuerst mußte die Kerze noch angezündet werden. In der Welt meiner Mutter waren die Bräuche und der Geist der Weihnachtszeit wichtiger als die Bedürfnisse des Magens. Nichts durfte gegessen werden, ehe die Kerze angezündet war.

Mein Vater hatte immer Streichhölzer für seine Pfeife in der Tasche, und daher war es seine Aufgabe, die Kerze anzuzünden. Wir stellten uns in einem Halbkreis vor das Fenster, wo die Kerze auf dem breiten Fensterbrett stand. Die Welt draußen war dunkel, und als mein Vater ein Streichholz entzündete, spiegelte sich die Flamme in der Fensterscheibe. Als er das Streichholz an die Kerze hielt, zischte der Docht und wurde schwarz, dann langsam rot, und eine gelbe Flamme flackerte auf und wurde größer. Ihr Widerschein leuchtete im Fenster, so daß uns eine zweite Familie ansah.

Meine Mutter hatte schon die Flasche mit Weihwasser geholt und besprenkelte uns großzügig, bis mein Vater protestierte: »Len, willst du uns eigentlich segnen oder ertränken?«

Ich leckte die salzigen Weihwassertropfen ab, die auf meinem Kinn gelandet waren, und sah zu, wie das erste kleine Rinnsal aus Kerzenwachs auf die Stechpalmenzweige herabfloß. Die brennende Kerze war das Zeichen dafür, daß endlich Weihnachten war. Der Zauber des Weihnachtsfestes war draußen bei den Kühen im mondbeschienenen Hof und unten bei den Schafen auf der Weide, aber am allermeisten war er hier in der mit Stechpalmen geschmückten Küche bei der kleinen, abgenutzten Krippe und der großen Kerze im Fenster. Die Kerze war das Licht des Weihnachtsfestes und der Schlüssel, der die Tür zur Heiligen Nacht aufschloß.

Dann setzten wir uns alle an den Tisch und langten zu wie unsere Gänse im Heuhof nach dem Dreschen. Als der erste Ansturm vorüber war, beschloß meine Mutter, den Weihnachtskuchen anzuschneiden. Sie hatte eine neue Schürze an, die sie sehr passend als Kittelkleid bezeichnete, und die gestärkten Baumwollfalten knisterten, als sie aufstand, um sich über den Kuchen zu beugen. Der harte Zuckerguß widerstand ihren Bemühungen, und mein Vater fragte, sehr zur Verärgerung meiner Schwester: »Soll ich den Vorschlaghammer holen?« Aber bald kam das erste, dunkle Kuchenstück zum Vorschein, und wir entdeckten bald, daß man schweren Früchtekuchen nicht so hemmungslos in sich hineinstopfen konnte wie die anderen Kuchen. Schließlich platzten wir aus allen Nähten.

Mein Vater zog sich auf seinen Platz am Kamin zurück, während wir in einer Blechschüssel auf einer Ecke des Tischs das Geschirr abwuschen. Eine von uns spülte, eine trocknete ab, und die dritte räumte alles in den Küchenschrank ein. Wir beeilten uns, weil wir das Grammophon aus dem Wohnzimmer holen wollten, und das durften wir erst tun, wenn wir nach dem Essen aufgeräumt hatten.

Dann ging mein Bruder zur Beichte ins Städtchen. Wir waren schon am vergangenen Samstag dort gewesen, aber er hielt sich für zu erwachsen, um mit den Kindern zu gehen.

Der Platz für das Grammophon war hinten auf der Ecke des Tischs, auf dem der Weihnachtsbaum stand, und sobald es dort war, begannen wir unsere neuen Schallplatten zu spielen. Mein Vater ermahnte uns, die Kurbel nicht zu fest zu drehen, damit die Feder nicht brach. Falls das passierte, wäre das eine Katastrophe, denn es würde die trostlose Aussicht auf ein Weihnachtsfest ohne Grammophon bedeuten.

Alle Schallplatten wurden einmal zur Probe abgespielt. Im Laufe des Abends stellte sich ein Lieb-

lingslied heraus: »Komm heim, Paddy Reilly,
nach Ballyjamesduff«.

> Die Mutter erzählte mir einst von dem
>   Morgen,
> als ich ward geboren, ganz nackt und ganz
>   bloß,
> ich sah auf die Straße hinab ohne Sorgen,
> und ließ einen Freudenschrei los.
> Meist sind kleine Babys zunächst mal ganz
>   baff
> und tun ganz erbärmlich laut schrein,
> doch ich wußt: ich bin hier in
>   Ballyjamesduff,
> hier werde ich glücklich stets sein.
> Heut bin ich ein Mann, betagt schon und
>   schlaff,
> und doch übers Meer dringt ein Flüstern
>   nach hier:
> »Komm heim, Paddy Reilly, nach
>   Ballyjamesduff,
> komm heim, Paddy Reilly, zu mir.«

Das spielten wir ständig, bis mein Vater zu bedau-
ern begann, daß Paddy Reilly nicht als Baby von
seiner Mutter im Badewasser ersäuft worden war.
Sogar meine Mutter entschied, daß ihr Trommel-
fell eine Pause brauchte, und schlug Limonade

und Plätzchen vor. Nur zu Weihnachten gab es diesen Luxus, und daher standen wir begierig Schlange, als mein Vater mit dem Flaschenöffner die Kronkorken abriß. Wir setzten uns vor den Kamin, nippten und nuckelten an den Flaschen und nahmen uns Plätzchen vom Teller auf dem Tisch. Mein Vater, Onkel Andy und Dan tranken Porter, den meine Mutter in Gläser mit Zucker goß. Mein Vater tauchte dann einen heißen Schürhaken in den kalten, schwarzen Porter, der daraufhin schäumte und über den Rand der Gläser hinablief. Es duftete wunderbar, und als meine Mutter nicht hinschaute, ließ mich Dan einmal probieren, aber es schmeckte fürchterlich, und ich war froh, wieder Limonade trinken zu können.

Mein Bruder kam nach Hause, als wir unsere Limonade tranken. Er hatte ein braunes Paket unter dem Arm, das sofort ein Kreuzverhör auslöste. Er ließ uns lange im ungewissen und reizte unsere Neugier, aber schließlich nahm er das Packpapier weg, und zum Vorschein kam eine Schachtel Pralinen. Und was für eine Pralinenschachtel! Es war die erste, die je in unser Haus gekommen war. Lang, glatt und golden, und der Name Urney stand in dunklerer Goldschrift darauf. Als ich mit den Fingern über die Lettern strich, spürte ich, daß sie etwas erhoben waren und sich wie Samt anfühlten. Wir rochen an der Schachtel und tasteten sie ab. Sie war wie etwas aus einer anderen Welt!

Die Erklärung, wie er an diesen ungewohnten Luxus gekommen war, beglückte meine Mutter noch viel mehr als die Schachtel selbst.

»Arthur O'Keeffe ist über Weihnachten aus Amerika gekommen. Ich hab ihn in der Stadt getroffen«, erzählte er ihr.

Sie freute sich; die Schachtel schien für sie dadurch noch wunderbarer zu werden, daß ihr Cousin Arthur zu Hause war und sie uns mitgebracht hatte. Uns Kindern kam es nicht darauf an, wo sie herkam, sondern nur darauf, daß sie jetzt hier war und geöffnet werden sollte.

Da mein Bruder sie in Empfang genommen hatte, wurde ihm die Ehre zuteil, sie aufzumachen. Als er sorgfältig die äußere Hülle entfernt hatte, kam darunter eine genau gleich aussehende Schachtel zum Vorschein, und als er deren Deckel öffnete, lag dort ein dunkelbraunes, glänzendes Papier über den verborgenen Schätzen. Als er es hochhob, erschien darunter ein weiches, weißes Polster aus Papier mit goldener Aufschrift, und darunter, in tiefen Mulden, lagen unzählige Reihen von Pralinen, manche in Gold- oder Silberpapier gewickelt.

Als wir die Augenweide lange genug genossen hatten, war es an der Zeit zu kosten. Die Pralinen sahen so vollkommen aus, daß ich das Gefühl

hatte, es wäre eine Schande, eine herauszuneh-
men, aber mir lief schon vor Vorfreude das Wasser
im Mund zusammen. Das weiße Polster, auf dem
über jede Praline etwas zu lesen stand, wurde zu
Rate gezogen, bevor wir unsere Entscheidungen
trafen. Die Praline, die ich mir aussuchte, war
groß und fühlte sich in meinem Mund glatt an. Allmählich schmolz sie, und die Mokkafüllung ström-
te auf meine Zunge: Sie war köstlich!

Nach der ersten Runde, bei der sich jeder be-
dienen konnte, wurden die Pralinen rationiert.
Die Schachtel wurde oben auf das Radio gestellt,
wo sie jeder gut sehen konnte, so daß eine ge-
rechte Verteilung in regelmäßigen Abständen ge-
währleistet war.

Meine Mutter hängte den Kessel über das
Feuer, holte eine große, rote Glasschüssel aus dem
Wohnzimmer und stellte sie auf den Küchentisch.
Dann bedeckte sie den Boden der Schüssel mit
dem Rest der Biskuitrolle und zerbrochenen Plätzchen. Wir nahmen rote Götterspeisewürfel und gaben sie in einen weißen Emaillekrug. Sobald
Dampf aus dem Kessel stieg, schüttete meine Mutter das kochende Wasser über die Götterspeise,
und wir wechselten uns damit ab, sie im heißen
Wasser herumzuwirbeln, bis sie schmolz. Dann
goß meine Mutter die Götterspeise in die rote

Schüssel, wo sie von der Biskuitrolle und den Plätzchen aufgesaugt wurde.

Mein Vater zündete die Sturmlaterne an und ging hinaus, um nach den Kühen zu sehen, und als er zurückkam, setzte er sich vor den Kamin und schnürte langsam seine schweren Lederstiefel auf. Manchmal hielt er inne und blickte ins Feuer, und ich ahnte, daß er in Gedanken bei früheren Weihnachtsfesten und bei den Menschen war, die wie sie Vergangenheit waren. Er sagte nichts, aber seit meiner Unterhaltung mit Mrs. Casey wußte ich, daß Weihnachten viele Erinnerungen für ihn barg.

Dann war es an der Zeit, den Rosenkranz zu beten. Als sich mein Vater hinkniete und seine Ellbogen auf den Stuhl mit dem Strohsitz stützte, spürte ich, daß er über diese Zeit zum ruhigen Nachdenken froh war. Ich kniete mich vor das von der Kerze erleuchtete Fenster, und dort draußen sah ich Maria und Josef auf dem Weg zum Stall.

Als der Rosenkranz vorüber war, zog mein Vater die Uhr auf und ging ins Bett – nicht ohne uns noch zu sagen, daß der Weihnachtsmann, wenn er vorbeikäme und wir noch nicht im Bett wären, weiterfahren würde. Wir malten uns diese schreckliche Möglichkeit aus, setzten uns auf den warmen Steinfußboden vor dem Kamin, schnürten unsere Stiefel auf und zogen unsere langen, schwarzen Strümpfe aus. Vor dem großen Holzscheit, das wir für Weihnachten ausgesucht hatten und das jetzt leise knisterte und seufzte und einen dünnen, weißen Rauch in den Schornstein aufsteigen ließ, war das Feuer fast niedergebrannt. Ich blickte dem Rauch nach, und in meiner Phantasie sah ich einen roten Stiefel herunterkommen. Als wir unsere Strümpfe über das Topfgestell hängten, war die Gewißheit, daß spät in der Nacht, wenn wir alle schlafen würden, die wunderbare Gestalt des Weihnachtsmannes tatsächlich durch den Schornstein kommen, vom Topfgestell heruntersteigen und seine Füße genau auf den Fleck setzen würde, wo wir jetzt standen, eine aufregende Aussicht. Die Strümpfe wurden immer wieder neu sortiert und umgehängt, bis meine Mutter schließlich sanft eingriff und uns bei der Anordnung beriet. Als sie zu guter Letzt alle dort hingen, präsentierten sie ein Bild großer Erwartungen.

Dann nahmen wir den Kerzenhalter und gingen nach oben ins Bett.

Weihnachten

Weil es in der Nacht kalt war, machte meine Mutter auf dem kleinen Eisenrost unter dem weißen Kaminsims im Schlafzimmer ein Feuer. Wir saßen in unseren langen Flanellnachthemden davor auf dem Boden, die nackten Füße auf dem schwarzen Kamingitter, das uns die Zehen wärmte, und wir fragten uns, ob Santa Claus wohl einen Abstecher vom Hauptschornstein machen und auf seinem Weg hinunter in die Küche, wo unsere Strümpfe am schwarzen Topfgestell über dem Feuer hingen, zu uns hereinschauen würde.

Ich hatte zugesehen, wie der Schwarze Ned den Schornstein gefegt hatte, also wußte ich, daß der Weg nach unten sauber und bereit für den Weihnachtsmann war, wenn er seinen Schlitten auf unserem Dach parkte. Wir hatten einen richtigen Santa-Claus-Kamin: Er war breit, so daß der Heilige Mann keine Schwierigkeiten haben würde, oben hereinzukommen, und an den Seiten waren Eisenstifte, auf die er seine Füße setzen konnte. Das einzige, worüber ich mir ein wenig Sorgen machte, war die Tatsache, daß er vielleicht etwas von dem frischen Ruß auf seinen schönen roten Mantel bekommen würde, aber ich überlegte mir, daß dem Weihnachtsmann so ein kleines bißchen Ruß wahrscheinlich nichts ausmachte.

Als wir so auf der harten, hellbraunen Matte vor dem Kamin saßen, sahen wir Bilder unserer Phantasie in den roten Torfsoden zwischen dem eisernen Rost des kleinen Kamins verblassen und wieder auftauchen. Ich sah den Esel, der mit Maria auf seinem Rücken einen steilen Hügel erklomm; die Torfsoden bewegten sich, das Bild verschwand, und Santa Claus trat hervor; dann war er wieder weg, und ich sah einen vollgestopften Strumpf an einem Topfgestell im Kamin hängen. Abwechselnd beschrieben wir, was wir gesehen hatten. Die feine Torfasche unter dem hohen Rost glühte, und mit dem langen Schürhaken malten wir Bilder vom Weihnachtsmann auf seinem Weg vom Himmel zu uns hinunter. Unsere Herzen waren erfüllt von dem Wunder, daß genau in dieser Nacht seine geheimnisvolle Gestalt tatsächlich in unser eigenes Haus kommen würde.

Eine Kerze in einem weißen Emaillehalter stand über uns auf dem Kaminsims und warf gemeinsam mit dem Feuer Schatten auf die niedrige Holzdecke. Wir hatten keine besondere Lust, von unserem warmen Fleckchen vor dem Feuer aufzustehen und über den eiskalten Linoleumboden in die noch kälteren Betten zu laufen. Aber der Gedanke daran, daß Santa Claus durchs Fenster sehen und an unserem Haus vorbeifahren würde, weil wir nicht im Bett waren, ließ uns keine andere Wahl.

Wer beim Wettrennen zu den beiden Eisenbetten unter der Dachschräge als Letzter ankam, mußte zurücklaufen und die Kerze löschen. Die Spitze des Dochts glühte noch ein paar Sekunden in der Dunkelheit nach, und der Geruch von Rauch und heißem Kerzenwachs erfüllte das Zimmer. Das ersterbende Feuer seufzte im Kamin, und sein oranger Schimmer war das einzige Licht im pechschwarzen Schlafzimmer. Wir zogen uns die schweren Bettdecken unters Kinn, vergruben unsere Hinterteile und Fersen in den weichen Federbetten und wippten auf den Sprungfedern herum, um uns warmzuhalten.

Unsere geflüsterte Unterhaltung verstummte allmählich, und ich fing an, einzudösen, die Augen auf die Tür hinten in der Ecke geheftet, weil ich dachte, Santa Claus würde vielleicht von der Küche hochkommen und zu uns hereinsehen. Dann zwang ich mich, wieder wach zu werden, setzte mich auf, um den Kamin zu kontrollieren, was zu einem Protestgeschrei meiner Schwester führte, weil ich die Kälte an sie herangelassen hatte. Aber es war kein Weihnachtsmann da, der den Schornstein herunterspähte. Daraufhin musterte ich durch das schwarze Gitter des Eisenbet-

tes das Fenster, für den Fall, daß er dort hinein-
schauen würde. Trotz der Reise meiner Augen
durch das Zimmer übermannte mich schließlich
der Schlaf. Ich fing an zu träumen und glaubte, das
Gesicht des Weihnachtsmanns lächele mich von
den knorrigen Astlöchern in der niedrigen Decke
an.

Als ich aufwachte, war das Zimmer von Dunkelheit und vollkommener Stille erfüllt. Ich lauschte
und versuchte am Atmen neben mir und im Bett
auf der gegenüberliegenden Zimmerseite zu erkennen, ob schon jemand wach war, aber es war
unmöglich, das mit Gewißheit festzustellen. Ich
fragte mich, ob es wohl noch mitten in der Nacht
sei, aber dann ertönte vom Hühnerstall im Hof
laut und deutlich das Krähen des Hahns. Es war
Morgen.

»Ist jemand wach?« flüsterte ich.

»Ja, ich«, kam eine Stimme von gegenüber.

»Wollen wir runtergehen und nachsehen, was er
gebracht hat?«

Als Antwort erhob sich eine geisterhafte Gestalt
in einem langen, weißen Nachthemd aus dem anderen Bett und hopste mit einem lauten Bums auf
den Boden. Sie tastete sich an der Wand entlang
und öffnete die Tür, wobei der lose Messingknauf
klapperte und unsere beiden anderen Schwestern
weckte. Wir tappten in der Dunkelheit über den

engen Treppenabsatz unter der Dachluke, die mit glitzernden Eisblumen überzogen war und ein unheimliches Licht auf die steile, schmale Treppe warf. Wir gingen schweigend nach unten, atemlos vor Vorfreude, und ich war glücklich, als wir in die gemütliche, warme Küche kamen, in der das Weihnachtsscheit noch unter dem Kamingestell glühte. Das war eine willkommene Abwechslung gegenüber den kühlen Regionen oben.

Vollgestopfte Strümpfe hingen am Topfgestell, und interessant aussehende Päckchen lagen auf dem Boden neben dem Blasebalg. Wir drückten die Füllungen aus den Strümpfen und quietschten vor Begeisterung, als Apfelsinen, Buntstifte und Bleistifte herauskullerten. Die Päckchen auf dem Boden enthielten Märchenbücher, ein Mensch-ärgere-dich-nicht-Spiel, zwei Pullover und eine neue Schultasche. Ich durchwühlte die leeren Strümpfe und das Einwickelpapier in der Hoffnung, daß die Puppe, die ich auf meinen Wunschzettel an den Weihnachtsmann geschrieben hatte, irgendwo in dem Chaos begraben war, aber nach ein paar Minuten gab ich die Hoffnung auf. Ein stechender Schmerz der Enttäuschung durchdrang mich: Ich war so sicher gewesen, daß er mir eine Puppe bringen würde.

Als ich meine Schultasche in die Hände nahm und meine Nase tief hineinsteckte, um den wunderbaren Geruch des frischen Leders einzusaugen, entdeckte ich darin plötzlich eine kleine grüne Stoffpuppe mit schwarzen Knopfaugen. Es war ein kleiner Junge, weich und knuddelig, den ich auf der Stelle Patsy taufte. Santa Claus hatte mich doch nicht im Stich gelassen!

Wir saßen auf dem Fußboden, spielten Mensch-ärgere-dich-nicht und probierten im Licht der Weihnachtskerze, die über Nacht in einer großen ausgehöhlten Rübe am Fenster gestanden hatte, die neuen Buntstifte aus. Als sich der Zeiger der Wanduhr der Sieben näherte, gingen zwei von uns widerstrebend nach oben, um uns für den drei Meilen langen Marsch zur Acht-Uhr-Messe in der Stadt fertigzumachen.

Wir stürmten in das Schlafzimmer unserer Eltern, um ihnen zu zeigen, was Santa Claus uns gebracht hatte, und waren überrascht, daß sie über das, was wir bekommen hatten, nicht erstaunter waren. Meine Schwester zog den neuen roten Pullover an, auf dem vorne eine Reihe kleiner weißer Enten war. Ich beneidete sie ein bißchen, aber als ich Patsy in meine Manteltasche steckte und meine Finger ihn umschlossen, wußte ich, daß er besser war als jede Reihe weißer Enten.

Als wir die Tür öffneten, verschlug uns die kalte Morgenluft den Atem und legte sich uns wie ein eisiges Tuch aufs Gesicht. Der Weg durch den Garten war hartgefroren, und unsere Lederschuhe klackten auf den glatten Steinen. Wir spähten durch das Küchenfenster und sahen drinnen unsere Schwestern, die immer noch auf dem Fußboden spielten. Die Stechpalmenzweige mit den roten Beeren glitzerten im Kerzenlicht, und ein Strom aus Kerzenwachs, der aussah wie ein riesiger Eiszapfen, hatte sich über Nacht auf der Rübe gebildet. Nächstes Jahr würden die beiden anderen Schwestern an der Reihe sein, zur Frühmesse zu gehen und dann nach Hause zu kommen, um auf die Gans aufzupassen, die meine Mutter in den Bräter über dem Feuer legte, wo sie vor sich hin schmoren sollte, während meine Mutter in der Messe war. Jetzt lag die Gans in der grünen Schüssel auf der Fensterbank und wartete auf die nächste Etappe ihrer Reise an den Weihnachtstisch.

Als wir den hügeligen, gewundenen Feldweg, der von unserem Hof zur Straße führte, hinaufgingen, war ich froh, daß wir an diesem Weihnachtsmorgen früh draußen waren. Die Sterne funkelten hoch oben am dunkelblauen Himmel, und Weihnachtskerzen grüßten uns von den Fenstern der Häuser auf den Hügeln, die sich bis zu den Bergen von Kerry erstreckten. Wir waren allein dort draußen in der stillen Landschaft. Die Ruhe war eindrucksvoll, und wir fühlten uns als Teil dieser einsamen Welt. An einem gewöhnlichen Morgen wären die Hügel in einem dunklen Schleier verborgen gewesen, aber am Weihnachtsmorgen war das anders, denn die Kerzen erhellten die Hügel und Täler, soweit wir sehen konnten.

Während wir gingen, horchten wir nach dem Klang von Pferdehufen. Sie zu hören bedeutete, daß uns jemand in seiner Kutsche mitgenommen hätte, um uns den Weg zu verkürzen. Aber kein Geräusch durchbrach die Stille, und als wir so zusammen gingen, sprachen wir über die Wunder, die der Weihnachtsmann vollbracht hatte. Ich hielt Patsy fest in meiner Tasche umschlossen, in der keine Kälte an ihn herankam, während meine Schwester über die gerippten Ärmel ihres neuen roten Pullovers strich, die unter denen ihres Mantels hervorlugten. Niemand auf der Welt war an diesem Morgen so wunderbar wie Santa Claus, und wenn wir zu Durchgängen in den Erdwällen kamen, blieben wir stehen, um über die mondbeschienene Landschaft zu blicken und zu sehen, ob er noch seine Runden drehte.

Als wir in der Stadt ankamen, waren die Straßen menschenleer, aber als wir den steilen Hügel zur Kirche hochgingen, begegneten wir Leuten, die in dieselbe Richtung eilten. Nach der Dunkelheit draußen blinzelten wir im hellen Licht drinnen, wo der hohe weiße Marmoraltar, der normalerweise kalt und unnahbar aussah, jetzt mit leuchtenden, festlichen Stechpalmenzweigen mit roten Beeren geschmückt war. Vom Chor hoch oben auf der Empore erschallten Wellen überschwenglicher Weihnachtslieder, und die Klänge der Orgelmusik wurden von den gewölbten Dachbalken zurückgeworfen. Ich kannte nur sehr wenige der Lieder, hörte aber furchtbar gern zu und sang bei den Stellen mit, die ich kannte. Father Roche, unser grauhaariger Gemeindepfarrer, wünschte uns allen frohe Weihnachten und hieß die Auswanderer willkommen, die zum Weihnachtsfest nach Hause gekommen waren. Ich erkannte sie sofort, weil sie eleganter als die anderen angezogen waren.

Eine lange Menschenreihe stellte sich zur Kommunion auf, wir auch, hatten wir doch seit vor Mitternacht gefastet. Ich konnte das Ende der Messe kaum erwarten, weil ich die Krippe sehen wollte. Tief in meiner Tasche hatte ich zwei kupferne Pennies, die ich in das Holzkästchen werfen wollte.

Als die Messe endlich vorbei war, gingen wir über den Kirchenfußboden aus roten Quadersteinen zum Stall, der sich geschützt in der Ecke unter dem Emporenaufgang befand. Wir blickten über das goldene Stroh auf Ochs und Esel, die hinten bei den Hirten standen, und auf Maria und Josef. Mir tat der Heilige Josef ein bißchen leid, weil er gebrechlich aussah und eine Glatze hatte, und ich dachte, er sei vielleicht etwas zu alt für seine neue Verantwortung. Die Heilige Maria war jung und schön, und ich hoffte, daß sie nett zu Josef sein würde. Aber uns beiden ging es vor allem um das Jesuskind. Da lag es mit ausgestreckten Armen und lächelte uns an, und ich fand, daß Maria es wärmer hätte anziehen sollen, weil der Morgen so kalt war. Aber es sah genauso glücklich aus, wie ich mich selbst fühlte. Ich schloß die Augen, wünschte ihm »Alles Gute zum Geburtstag« und ließ mein Geschenk, die beiden Kupferpennies, in sein Kästchen fallen.

Als wir aus der Kirche herauskamen, war ein grauer Morgen an die Stelle der Dunkelheit getreten. Wir gingen durch die stille Stadt, und die Kälte ließ unsere Finger und Zehen taub werden, doch als wir die hügelige Straße nach Hause liefen, wurden unsere Zehen schnell warm. Wir blickten durch die eisernen Gatter auf die grauweißen Felder, auf denen keine Tiere mehr waren, bis auf die Schafe, die sich in dunklen Ecken zusammendrängten. Beim Gehen sahen wir zu, wie unser Atem in der kalten Luft aufstieg, und wir bliesen in unsere Strickhandschuhe, um uns die Finger warmzuhalten.

Bevor sie zum Hochamt aufbrach, gab meine Mutter uns mehr Anweisungen als ein General, der fortgeht und einer unzulänglichen Armee die

Verantwortung für einen Einsatz überläßt. Sie war hin- und hergerissen zwischen dem Wissen um die Notwendigkeit, die Gans mit Fett zu übergießen, und der Furcht, daß wir uns verbrühen oder gar den Topf umkippen könnten. Also beschloß sie, auf Nummer Sicher zu gehen und die Gans ihrem Schicksal zu überlassen. Schließlich gab sie uns strenge Anweisungen, weder das Feuer niederbrennen zu lassen noch einen Großbrand auszulösen. Wir sollten die heißen Torfsoden oben auf dem Topf während ihrer Abwesenheit mindestens einmal wechseln. Meinem Vater stand zu diesem Zeitpunkt schon Schaum vor dem Mund, so daß sie schließlich gezwungen war, ihre kostbare Gans unserer Obhut anzuvertrauen.

Als wir die Küche für uns allein hatten, war uns zunächst nichts wichtiger, als es uns gemütlich zu machen und den großen, im Ofen geschmorten Schinken mitten auf dem Tisch in Angriff zu nehmen. Es war der Schinken, der im Schornstein geräuchert worden war und dann am Fleischhaken an der Decke gehangen hatte; meine Mutter hatte ihn gekocht und in einer Panade aus Semmelbröseln und Honig gebacken. Jetzt zahlte sich all ihre liebevolle Sorgfalt aus, denn der Schinken war wunderbar saftig und zart. Am Weihnachtsmorgen aßen wir immer Schinken zum Frühstück, und die Tatsache, daß er später wieder zusammen mit der Gans in Erscheinung trat, minderte unsere Wertschätzung nicht.

Allmählich begann die Gans auf sich aufmerksam zu machen: Sie zischte und brutzelte im Topf und erfüllte die Küche mit einem Duft, der großartige Dinge versprach. Als wir das Geschirr abgewaschen und die Küche aufgeräumt hatten, trugen wir die Töpfe mit Kartoffeln und Rüben vorsichtig vom unteren Raum in die Küche und stellten sie neben das Feuer. Wir faßten die schweren schwarzen Töpfe fest an den Griffen, jeder an einer Seite, und als wir sie neben dem Feuer abgestellt hatten, wechselten wir die heißen Torfsoden auf dem Deckel des Topfes, in dem die Gans war.

Nun entschieden wir, daß wir unsere Pflicht erfüllt hatten, und wandten uns dem Grammophon zu. Da der größte Teil der Familie abwesend war, konnten wir uns die Schallplatten nach Lust und Laune aussuchen, und dies wollten wir auch ausnutzen. Ich fand die Küche zu diesem Zeitpunkt wunderbar, weil überall die großzügigen Geschenke von Santa Claus verstreut lagen und weil die vielen Düfte, die den Raum erfüllten, von verborgenen Versprechen kündeten.

Als meine Mutter wieder nach Hause kam, übernahm sie die Leitung des Unternehmens. Der Topf mit der Gans wurde zur Seite geschoben, die Kartoffeln kamen in die Mitte, danach die Rüben, und indem die langen schwarzen Topfhaken kunstvoll in strategisch günstige Positionen über dem Feuer geschwenkt wurden, begann es in allen Töpfen zu kochen und zu köcheln. Der Deckel des Topfes, in dem die Gans war, wurde ein paarmal weggenommen, um Fett über den Braten zu gießen. Das Hochheben des Deckels war eine Übung im Halten des Gleichgewichts und im Ertragen von Hitze. Meine Mutter nahm die lange Eisenzange, entfernte die heißen Torfsoden vom Deckel, packte die Zange ganz fest und schob das eine Ende unter den Griff in der Mitte des Deckels. Dann mußte der schwere Deckel vollkommen gerade gehalten werden, damit die heiße Asche, die noch darauf lag, nicht seitlich auf die Gans abrutschte. Nachdem meine Mutter den Deckel hochgehoben hatte, setzte sie ihn ganz vorsichtig auf der steinernen Kaminplatte ab und löffelte das heiße Fett, das um die Gans herum brutzelte, über deren Brust. Danach setzte sie den Deckel wieder sachte auf den Topf und legte die heißen Torfsoden darauf. Wenn sie der Meinung war, daß die Dinge sich dem Ende näherten, schickte sie eine von uns mit einem Krug und einem Löffel in die kühlen Regionen des unteren Raums, um den Rahm von einem Milcheimer abzuschöpfen. Der Rahm wurde später über das Biskuitdessert gegossen, das wir am Abend vorher zubereitet hatten.

Schließlich war der Augenblick gekommen: Die Gans konnte herausgeholt werden, und wir versammelten uns alle, um ihrem Auftritt beizuwohnen. Meine Mutter schwenkte den Topf vom Gestell, setzte ihn auf der Kaminplatte ab und nahm dann die große braune Platte aus dem obersten Regal des Geschirrschranks, die sie auf den Boden neben den Topf stellte. Sie hob den Deckel ganz langsam hoch, weil ein Aschenregen das Letzte war, was meine Mutter jetzt auf unserer Gans haben wollte.

Wir sahen auf den Vogel herab – goldbraun, umrahmt von leicht versengtem Pergamentpapier, vollgestopft mit Füllung, die vorne und hinten aus ihm herausquoll. Die Gans wurde vorsichtig auf die Platte gelegt, wobei Butter aus der Füllung heraussickerte und sie umgab. Ihr satter, aromatischer Duft stieg zur Decke auf und sank in Ringen wieder herab, so daß die ganze Küche davon erfüllt wurde. Während die Gans auf dem Tisch lag, machte meine Mutter aus den Resten im Topf und dem Saft der Innereien die Bratensoße. Als sie die fette, dicke Tunke auf unsere vollen Teller goß, waren meine Bedenken angesichts der Teile der Gans, die als Soßenzutaten Verwendung fanden, längst vergessen.

Die Füllung wurde wie ein verborgener Schatz aus der Gans ausgegraben. Als diese Quelle erschöpft war, nahm meine Mutter das braune Pergamentpapier von der Steingutschüssel, in der die Reserven waren. Diese Füllung war nicht so saftig und enthielt nicht soviel Butter wie die andere; wir schätzten sie daher etwas weniger. Wir hatten nie etwas von Cholesterin oder den Vorteilen einer fettfreien Diät gehört!

Als wir mit der Gans fertig waren, bestand sie nur noch aus Beinen und einer knochigen Brust – dafür waren wir jetzt vollgestopft. Aber wir hatten noch Platz übrig für Biskuitdessert mit Sahne, und während wir die Teller ableckten, begann im Radio auf BBC die Rede der Queen. Mein Vater bestand auf absoluter Stille beim Zuhören. Mir gefiel ihre vornehme Aussprache, aber sie tat mir leid, weil sie eine Rede halten mußte, während wir alle unser Essen genießen konnten.

Niemand wollte das Geschirr abwaschen, aber meine Schwester Frances versteckte die Kurbel des Grammophons und weigerte sich, das Versteck preiszugeben, bis der Tisch aufgeräumt war. Das genügte, um ihren widerstrebenden Arbeitstrupp anzuspornen.

Danach setzten wir uns um den Tisch, spielten Mensch-ärgere-dich-nicht und legten Schallplatte um Schallplatte auf, wobei sich jeder der Reihe nach eine Scheibe aussuchte, bis mein Vater den

Wirbel nicht mehr aushielt und beschloß, nach den Kühen sehen zu müssen.

Als draußen vor der Küche die Dunkelheit anbrach, konnten wir die Zahlen auf den Würfeln nicht mehr erkennen und entschieden, daß es Zeit war, die Lampe anzuzünden.

Als wir aus dem Fenster sahen, entdeckten wir, daß es angefangen hatte zu schneien, während wir in unser Spiel vertieft gewesen waren. Der Schnee wirbelte in großen, weichen Flocken herab, und das Wäldchen hinter dem Haus verschwand unter einer weißen Decke. Weil wir in einer hügeligen Gegend wohnten, schneite es oft im Winter, aber der Schnee verlor nie seinen Zauber; sein Anblick erfüllte uns stets mit Freude.

Meine Mutter entschied, daß es zu spät war, nach draußen zu gehen, so daß wir uns damit begnügen mußten, den Schnee durch das Fenster zu betrachten und ab und zu kurz zur Tür zu laufen, um die Fortschritte zu begutachten.

Als mein Vater von seinem Gang über die Felder, er hatte den Schafen Heu gebracht, zurückkam, stampfte er mit seinen Stiefeln auf dem Boden auf, und weiche Polster aus zusammengepreßtem Schnee fielen auf die Kaminplatte und schmolzen in der Hitze des Feuers.

Nach einem Abendessen aus Resten waren nicht viele Überredungskünste nötig, um uns ins

Bett zu bringen. Wir schleppten uns die Treppe hoch, und jede von uns hielt etwas in der Hand, das uns Santa Claus am Morgen gebracht hatte. Ich kuschelte mich unter die schwere Bettdecke und legte Patsy neben mich aufs Kopfkissen. Draußen vor dem Fenster verwandelte der Schnee die Tannen im Wäldchen in richtige Weihnachtsbäume.

Stille Tage

Auf dem Hof waren die Tage nach Weihnachten eine Zeit der Ruhe und der Erholung für das Land, die Tiere und die Menschen. Wachstum und Fruchtbarkeit standen still, und so hielten wir alle Winterschlaf. Die Felder und Mäuerchen ruhten sich unter einer Schneedecke aus. Wenn man nach draußen ging, war es dort still, und die einzige Bewegung war die des Flusses, der sich wie eine schwarze Schlange um die weiße Farm wand. Jegliches Treiben hatte sich unter die Erde zurückgezogen, die einzigen Zeichen von Leben waren die Kaninchenspuren im Schnee. Manchmal sah man auch Spuren größerer Pfoten, die darauf hindeuteten, daß sich hier ein Fuchs niedergelassen hatte. Kein Vogelgezwitscher kam von den bereiften Zweigen, denn auch die Vögel hatten offenbar die freien Felder um den Hof herum verlassen. Sie waren näher zum Haus gekommen, wo sie sich aus den Schweinetrögen bedienten und hinter den Hühnern die übriggelassenen Haferkörner aufpickten.

Hühner sind Frühaufsteher. Wenn man morgens ihre Stalltür öffnete, standen sie normalerweise schon Schlange und drängten alle nach draußen, wobei sie vor Freude laut gackerten. Der Schnee jedoch machte ihrer frühmorgendlichen Begeisterung ein Ende. Wenn man an einem verschneiten Morgen die Tür ihres Stalls aufmachte, begegnete man keinem wilden, weißen Federknäuel aus lauter Hühnern, die übereinanderflatterten, um möglichst schnell hinauszukommen. Sie zogen sich vielmehr entsetzt zurück und stimmten ein verächtliches Protestgeschrei an. Sie haßten den Schnee und spähten angewidert hinaus. Nur ein paar ganz Mutige wagten sich nach draußen; doch als ihre spindeldürren Beine im Schnee versanken, liefen sie schnell zurück in die Sicherheit ihres Stalls. Sobald sie gefressen hatten, flatterten sie zurück auf ihre Stangen, wo sie schliefen oder miteinander schwatzten. Sie weigerten sich, Eier zu legen, und beschlossen, die kommenden Tage mit Fressen und Schlafen zuzubringen, bis in der Welt draußen wieder alles normal war.

Auch die Kühe machten sich die Einstellung der Hühner zu eigen, ließen sich im Stall füttern und kamen nur einmal am Tag zum Trinken heraus. Sie zu versorgen, war die größte Arbeit des Tages: Große Gabeln voll Heu wurden aus dem Heuschuppen über den Heuhof in den Stall gebracht. Dann wurde die Rinne hinter den Kühen ausgemistet, und der große Misthaufen vor dem Stall wurde noch größer. Die Kühe gaben keine

Milch mehr, so daß die Hauptarbeit auf dem Hof –
das Melken am Morgen und am Abend – nicht
mehr nötig war.

Auch die Pferde blieben in ihren Ställen und kamen nur zum Trinken heraus; das Heu wurde
durch das Fenster über ihren Futterkrippen hineingeworfen, und sie kauten zufrieden vor sich
hin, wobei sie auf drei Beinen standen und dem
vierten abwechselnd eine Pause gönnten.

Das Land und die Tiere ruhten sich aus, und
wir taten es ihnen gleich. Nach dem zweiten Weihnachtstag schliefen wir jeden Morgen aus, und das
Frühstück war gewöhnlich mittags. Der Tisch
wurde neben den Kamin gerückt, so daß wir Toast
rösten konnten, ohne aufstehen zu müssen. Es war
ein langes, gemütliches Frühstück. Gegen die Kan-
nen gelehnt standen Bücher, die wir jedoch links
liegen ließen, wenn Denis Brennan im Radio eine
Kurzgeschichte vorlas; seine wunderbare Stimme
erweckte jede Geschichte zum Leben. Manchmal
kam Bill oder ein anderer Nachbar vorbei, während wir noch aßen, und dann dehnten wir das
Frühstück noch länger aus.

Während der übrigen Zeit des Jahres besuchte
man sich meist am frühen Abend, aber die Tage
nach Weihnachten waren in dieser Hinsicht eine
Ausnahme. Jetzt kamen die Nachbarn erst spät,
wenn das Tageslicht erlosch, und gingen nach

Hause, wenn der Mond aufgegangen war und ihnen den Heimweg erleuchtete. Wir hatten alle Ferien, daher besuchten wir uns gegenseitig zu ungewöhnlichen Zeiten. Cousins und Cousinen aus der Stadt statteten uns Weihnachtsbesuche ab, und wir aßen etwas Besonderes im Wohnzimmer und blieben lange auf, um den Abend miteinander zu verbringen. Bei solchen Gelegenheiten tranken wir nach dem Abendessen Limonade und aßen Plätzchen – die Erwachsenen tranken etwas Stärkeres. Jeder mußte singen, um die anderen zu unterhalten – was ein bißchen unangenehm für die musikalisch Unbegabten unter uns und noch unangenehmer für die Zuhörer war. Aber das größte Vergnügen des Abends war, wenn die große Schar von Jungen, die nach Weihnachten singend von Haus zu Haus zogen, zu uns kam und bei uns tanzte. Die Küche war dann gerammelt voll und erfüllt von Musik und Liedern, und die Jungen hüpften in komplizierten Schrittfolgen über den Steinboden.

Am Abend danach versuchte Bill uns beizubringen, diese Volkstänze zur Musik einer Schallplatte zu tanzen. Das Grammophon blieb über die Weihnachtstage in der Küche, und wir spielten es jeden Abend, wobei wir immer wieder die abgenutzten Messingnadeln durch neue aus einer kleinen Blechdose ersetzten, auf der außen »His Master's

Voice« stand und auf der das Bild eines Hundes, der in einen großen Schalltrichter sah, aufgedruckt war. Die neuen Nadeln, die wir zu Weihnachten bekommen hatten, bewahrten wir im Grammophon neben dem Lautsprecher auf, der angehoben werden mußte, wenn die Schallplatte gewechselt wurde.

Wenn mein Vater in die Stadt mußte, um für Silvester einzukaufen, brachte er manchmal neue Platten mit. Auf einer von ihnen war ein Lied, das mit den Worten begann: »Hol das Weihwasser, schließ die Tür: Die Todesfee geht heut um.« Ich konnte diese Schallplatte überhaupt nicht leiden, weil sie mir Angst einjagte.

Oft erzählten die Nachbarn abends am Kamin Gespenstergeschichten, und wenn wir danach mit der Kerze in der Hand die Treppe hochgingen, hatten wir solche Angst, daß wir glaubten, alle möglichen Geister aus dunklen Ecken kommen zu sehen. An diesen Abenden sahen wir hinter der Tür und unter dem Bett nach, ob unerwünschte Gäste da waren.

Con, der auf der anderen Seite des Flusses wohnte, war auf Gespenstergeschichten spezialisiert, und wir fanden es toll, wenn er kam; allerdings brauchten wir ein paar Nächte, um uns von seinem Besuch zu erholen. Wenn wir am Kamin saßen und seinen Geschichten lauschten, saß ich am liebsten neben meiner Mutter, damit ich meinen Kopf auf ihren Schoß legen konnte und damit sie mit den Fingern durch mein Haar strich und meine Kopfhaut massierte. Das wohltuende, beruhigende Gefühl machte die Gespenstergeschichten weniger unheimlich.

Viele der Auswanderer, die über Weihnachten nach Hause gekommen waren, besuchten uns und fesselten uns mit ihren Erzählungen aus London, New York und anderen fernen Orten.

Am Silvesterabend stellte meine Mutter eine neue, große Kerze ins Fenster, um das Neue Jahr willkommen zu heißen. Die Weihnachtskerze war jetzt ziemlich heruntergebrannt, weil sie jeden Abend angezündet worden war. Die neue Kerze stand für einen neuen Anfang. Wir hatten das Gefühl, das alte Jahr hinter uns zu lassen und mit einem großen Satz ins Neue Jahr zu springen.

Jetzt wünschten sich die Nachbarn nicht mehr »Frohe Weihnachten«, sondern ein »Frohes Neues Jahr«, was mir leid tat, weil mir die Vorstellung nicht gefiel, daß Weihnachten durch etwas anderes ersetzt wurde. Doch am Neujahrstag aßen wir genau wie am Weihnachtstag Gänsebraten und fütterten danach die Vögel, was wir seit dem ersten Schnee jeden Tag getan hatten. Wir gingen hinaus in den Garten, streuten Brotkrumen unter die Bäume auf den Schnee, stellten uns dann hinter das Küchenfenster und sahen zu, wie die Vögel sie aufpickten. Manchmal flogen die Krähen im Sturzflug herab und schlangen alles sekundenschnell hinunter. Daher mußten wir ein wachsames Auge auf die Fütterung haben, damit den kleineren Vögeln Gerechtigkeit zuteil wurde.

Ich träumte davon, einen zahmen Vogel zu haben, und versuchte, einen zu fangen. Über die Brotkrumen vor dem Fenster stellte ich eine Kiste, die auf einer Seite von einem Stöckchen hochgehalten wurde, um das ich ein Stück Schnur band. Ich legte die Schnur über den Gartenweg und durch das Küchenfenster nach drinnen. Mein Plan war der: Wenn ein Vogel unter der Kiste war, wollte ich an der Schnur ziehen, die Kiste würde herunterfallen und der Vogel in der Falle sitzen. Das war die Theorie – aber die Praxis waren zerbrochene Stöckchen, zerrissene Schnüre und davonfliegende Vögel. Daher kam ich zu dem Schluß, daß Jagen nicht meine große Stärke war.

Abends saßen wir am Kamin, lasen oder spielten Karten: Sechsundsechzig, Esel, Bettelmann und Hundertundzehn. Wir spielten nach Bills Anweisungen, nahmen die Spiele aber nicht sehr ernst. Da Kartenspielen für Bill eine ernste Angelegenheit war, ärgerte ihn das, und manchmal knallte er die Karten hin und ging zur Tür hinaus. Wenn das passierte, sagte Dan: »Der ist ein größeres Kind als die alle zusammen.« Dan jedoch weigerte sich, überhaupt mit uns zu spielen, weil er, wie er immer sagte, nicht dafür garantieren könne, was er mit uns machen würde, wenn wir Fehler machten.

Bill kam immer am nächsten Abend zurück und wollte wieder spielen. Mensch-ärgere-dich-nicht führte nicht zu solchen Reibereien. Stunden verbrachten wir oft damit, Punkte in Rätselbüchern, die wir von Santa Claus bekommen hatten, miteinander zu verbinden, auch wenn Dan erklärte, das sei ein Zeitvertreib für Einfaltspinsel.

Die letzte Etappe unserer Weihnachtsreise war das Dreikönigsfest, auch »Klein Weihnachten« genannt. Am Vorabend zündeten wir im Fenster unsere dritte und letzte Kerze an, die nun die Neujahrskerze ersetzte. Der Feiertag heißt auch »Frauenweihnacht«, und Dan erklärte, es sei typisch für Frauen, am letzten Tag zu feiern, weil sie immer das letzte Wort haben müßten.

Wir glaubten, daß dies der Abend sei, an dem der Herr Wasser in Wein verwandelt habe. Daher prüften wir spät am Abend nach, ob sich das Wasser, das am frühen Abend im Eimer von der Quelle geholt worden war, in Wein verwandelt hatte. Trotz großer Erwartungen wiederholte sich das Wunder von Kana nie in unserer Küche.

Mrs. Casey wiederum glaubte, die Seelen der Verstorbenen seien uns in dieser Nacht nahe, und obwohl wir nicht ganz überzeugt waren, trauten wir uns doch nicht so recht alleine hinaus ins Dunkel.

Am nächsten Tag aßen wir unser letztes Weihnachtsessen im schwindenden Zauber eines ausklingenden Weihnachtsfestes. Dies war die letzte Nacht, in der eine Kerze in unserem Fenster leuchten würde. Sie hatte zwölf Weihnachtstage lang gebrannt. Morgen würden wir den Schmuck abnehmen.

Über die Autorin

Alice Taylor kam in einem kleinen Ort bei New-
market (County Cork) im Südwesten Irlands zur
Welt und betreibt heute mit ihrer Familie einen Le-
bensmittelmarkt und ein Postamt in Innishannon.
Sie hat vier Söhne und eine Tochter. In den letzten
Jahren ist sie zur bestverkauften Autorin Irlands
geworden.

Im Lamuv Verlag lieferbare Titel von Alice Taylor: Zur
Schule durch die Felder – Eine irische Kindheit.
So wird es nie mehr sein – Eine irische Jugend.
In Vorbereitung: Irisches Landleben. (1997)

Peig Sayers

So irisch wie ich
Eine Fischersfrau erzählt ihr Leben

Aus dem Englischen von Hans-Christian Oeser

Peig Sayers' Autobiographie gilt als eines der großen Werke der irischen Literatur. Die »Königin der Geschichtenerzähler« verbrachte die meiste Zeit ihres Lebens auf der Großen Blasket-Insel, Irlands westlichstem Punkt, abgeschnitten von der übrigen Welt. Unter »primitiven« Lebensbedingungen konnte hier die irische Sprache und die keltische Denk- und Ausdrucksweise mit einem immensen Reichtum an Folklore lange Zeit bewahrt werden.

Nach ihrer Heirat – sie war noch keine 19, ihr Mann 30 Jahre alt – zog Peig 1892 auf die Insel. Zehn Kinder brachte sie zur Welt. Einige verlor sie durch Tod, andere, weil sie nach Amerika auswanderten. 1920 starb ihr Mann.

Trotz aller Widrigkeiten des Alltags, Peig ließ sich nicht unterkriegen. »Wir waren arme Menschen, die weder Reichtum noch Luxus kannten. Wir akzeptierten unser Leben und sehnten uns nach keinem anderen.«

Nächst dem Singen und Tanzen war das Erzählen für die Inselbewohner die einzige Form der Unterhaltung wie auch die einzige Form der Weitergabe von althergebrachten Weisheiten und Werten. Peigs Feen- und Geistergeschichten, die sie, die Pfeife im Mund, zum besten gab, sind auf mehr als 5 000 Seiten festgehalten worden.

In ihrer Autobiographie beschreibt sie in farbiger Diktion die Naturschönheiten der Insel ebenso wie das spartanische Leben und die reiche Kultur ihrer Bewohner. »Ich habe versucht, meine Geschichte so einfach wie möglich zu erzählen, damit jeder sie lesen und verstehen kann – als würde ich sie den Nachbarskindern am Kamin erzählen.«

Ein Buch aus dem Lamuv Verlag